설교, 어떻게 들어야 할까

그리스도인들은 그 책의 사람들, 바로 성경의 사람들입니다. 성경에만 권위를 두고, 성경대로 살며, 성경에 자신을 계시하신 삼위 하나님만을 예배하고 사랑합니다. 이에 **그 책의 사람들**은 하나님께만 영광 돌리고, 하나님의 나라와 교회의 번영과 행복을 위해 성경에 충실한 도서들만을 독자들에게 전하겠습니다.

설교,

어떻게
들어야
할까

한재술 지음

차 례

글을 열며

우리 주위에 있는 경건한 성도들에게는 몇 가지 공통점이 있습니다. 그중 하나가 바로 설교를 "잘" 듣는다는 것입니다. 경건한 목사가 성경에 충실한 설교를 잘하는 것도 중요합니다. 하지만 성경의 가르침은 그 못지않게, 아니 오히려 설교 잘 듣는 것을 강조합니다. 교회사에 나오는 여러 이야기도 똑같이 말합니다. 하나님을 진지하게 대하고, 하나님을 마음 다해 사랑했던 사람들은 모두 설교를 사랑했던 사람들입니다. 하나님과 즐거운 교제를 누렸던 사람들도 모두 설교를 즐거워했던 사람들입니다. 온갖 박해와 고난 속에서도 하나님께 감사하고, 하나님의 인도하심을 기뻐했던 사람들 또한 모두 설교를 기쁘게 들었던 사람들입니다.

이 일을 위해 세우심을 받은 사람들을 우리는 목사라고

합니다. 목사는 설교하고 목양하는 일을 위해 하나님께서
세우신 직분자입니다. 그중에서도 설교야말로 목사의 가장
중요한 직무이기에, 우리는 목사와 설교자라는 말을 거의
동의어처럼 이해하며 사용합니다.

설교자는 오직 이 일을 위해 사는 것처럼 시간을 보냅니
다. 그들의 주된 직무는 설교입니다. 설교자는 힘을 다해
하나님을 전합니다. 말씀을 통해 신앙을 장려합니다. 사람
들이 회심하고 거룩해지도록 열심을 냅니다. 온통 설교 생
각뿐입니다. 설교는 설교자의 머리와 가슴과 삶 전부를 차
지하고 있습니다.

설교가 무엇이기에 설교자들이 설교라야만 한다고 생각
하며, 그들의 생명과 삶을 거는 것일까요? 설교가 무엇이길
래 성숙한 성도들도 설교라야만 한다고 생각하며, 온 힘을
다해 설교 듣기를 힘쓰고, 또 즐거워하는 것일까요?

설교를 광범하게 정의한다면, 설교는 그 자체로 하나님께
서 자신을 알리시는 수단입니다. 설교는 어려워 보이는 하
나님의 말씀을 쉽게 풀어주기도 하고, 쉬워 보이는 하나님
의 뜻을 깊이, 또 풍성히 전해주기도 합니다. 그래서 설교는
단지 교훈이나, 해설이 아닙니다. 설교자가 자기의 생각과
주장을 말하기 위해 성경이라는 재료로 만들어내는 요리가

되어서도 안 됩니다. 설교는 생명과 경건을 전해주는 통로이기에, 하나님과의 교제이기에, 더 나아가, 하나님을 찬양하고 예배하는 그 자체가 되기에 가장 강력한 은혜의 수단입니다.

그래서 설교를 하나님의 말씀으로, 하나님과의 만남으로 받는 사람은 설교를 통해 실제로 하나님을 더 알게 됩니다. 하나님과 교제하게 됩니다. 하나님을 더 사랑하게 됩니다.

그런데 안타깝게도 많은 사람이 설교를 통해 지식이나 기독교적 통찰을 얻는 데서 그칩니다. 은혜로운 말씀은 자기에게, 죄에 대한 교훈과 책망은 다른 사람에게 돌립니다. 일주일 동안 말씀과 무관하게 살아온 사람은 설교를 들었다는 데서 위안을 느끼며 교회를 나섭니다. 다시 말씀 없는 삶을 향해서 말입니다. 하나님의 말씀은 신앙에서만 권위를 가질 뿐, 삶에 관해서는 권위가 없습니다. 영원하고 무한한 가치를 지니는 말씀을 너무나 보잘것없는 것으로 만들어 버립니다.

어떤 사람들은 말씀에 대한 갈급함은 있지만, 성경에 충실한 설교를 듣지 못해 바르게 성장하지 못하는 슬픔 가운데 있습니다.

또 어떤 사람들은, 건강한 교회에 속해 있고, 성경에 충실한 설교를 듣지만, 거기서 만족해합니다.

종교개혁과 참된 부흥이 일어났을 때 성도들은 설교에 갈급하고, 틈이 날 때마다 모임을 열어 성경공부와 기도를 했습니다. 하지만, 그런 복된 시기는 길게 가지 못했는데요. 칼뱅을 비롯해 우리 선조들은 그 이유 중 하나로 설교를 무겁게 받는 사람이 많지 않음을 꼽았습니다. 그래서 성도들이 설교를 잘 들을 수 있도록 가르치고 여러 방법을 제안하며 성도들을 도왔습니다.

독자 여러분께서도 잘 아시다시피 우리 조국교회도 그런 은혜의 시기가 있었습니다. 하지만, 지금 우리의 모습은 몇몇 소수의 교회를 제외하고는, 말씀의 권위가, 설교자의 직분의 영광이 많이 사라져 버린 듯 보입니다. 또 건강한 교회에서조차도, 소수의 성도를 제외하고는 설교를 귀하게, 무겁게 생각하지 않는 듯합니다. 많은 성도가 건강한 교회에 있고, 건강한 설교를 듣는다는 것 자체에 만족한 채 그 자리에 머물러 있습니다.

설교는 그리스도인을 은혜 안에서 자라가게 하는 가장 강력한 수단이요 도구입니다. 성령님께서는 구원받는 믿음을 비롯해 모든 은혜를 말씀과 함께, 말씀을 통해 베푸십니다. 그리고 말씀은 주로 설교를 통해 우리에게 주어집니다.

따라서 설교를 잘 듣는 것은 그리스도인이 되고, 그리스도인이 은혜 안에서 자라는 일에 결정적이라고 할 수 있습니다.

이를 웨스트민스터 대교리문답은 다음과 같이 잘 정리했습니다.

155문답

문. 말씀이 어떻게 구원을 위해 효과적으로 사용됩니까?

답. 하나님의 성령께서는 말씀을 읽는 것, 특별히 말씀을 설교하는 것을 효과적인 수단으로 사용하셔서 죄인을 이해시키시고 깨닫게 하시고 겸손하게 하시며, 죄인들을 그들 자신에게서 끌어내어 그리스도께로 이끄십니다. 또 죄인들이 그리스도의 형상을 따르게 하시고, 그리스도의 뜻에 복종하게 하시고, 유혹과 부패에 맞설 수 있도록 그들을 강하게 하시고, 은혜 안에서 세우시고, 구원에 이르는 믿음으로 죄인들의 마음을 거룩함과 위로로 굳게 세우셔서, 말씀이 구원을 위해 효과적으로 사용되게 하십니다.

우리가 죄와 비참 가운데 있음을 알기 위해서는 설교가 필요합니다. 우리가 죄와 비참 가운데 있다는 것을 알려주는 말씀이 선포되어야 우리는 우리가 죄인인 것을 이해하고, 깨닫게 되며, 겸손하게 됩니다.

우리가 그리스도께로 이끌리기 위해서는 설교가 필요합니다.

우리가 그리스도의 형상을 따르기 위해서는, 우리가 그리스도의 뜻에 복종하기 위해서는, 우리가 유혹과 부패에 맞서기 위해서는, 은혜 안에 서기 위해서는 설교가 필요합니다.

우리의 마음이 거룩함과 위로로 굳게 세워지기 위해서는 설교라야만 합니다.

저는 지금 수원 광교장로교회에서 신앙생활하고 있습니다. 광교장로교회 이야기를 책 군데군데 넣었습니다. 여러분의 교회와 비슷한 면도 있고, 다른 면도 있을 줄 압니다. 광교장로교회는 나름의 특징과 강점이 있고, 아직 부족한 면도 있습니다. 이 글에서, 여러 사례에서 예로 든 것은, 광교장로교회를 소재로 여러분과 나눌 이야기들이 많기 때문입니다.

저는 제가 사랑하는 광교장로교회가 말씀을 가장 우선시하고, 말씀에 충실하다는 것을 증언하는 한 명의 증인입니다. 본과 모범이 되는 성숙한 선배 성도님들을 통해 말씀 중심의 삶을 배우는 일은 고되고 귀찮고 번거로운 일이 아니라 즐겁고, 감동적인 일이라는 것에서도 증인이 되길 원합니다.

서는 매주 말씀을, 설교를 듣는 게 기쁩니다. 들을 수 있어서 감사합니다. 하나님께서는 말씀을 통해 당신을 진실하게, 풍성히 나타내십니다. 그리고 하나님을 더 목말라하게 하십니다.

주중에 설교문을 읽는 일은 제게 매우 중요하고 즐거운 일입니다. 설교를 묵상하고, 자녀들과 함께 나누며, 어떻게 예배하고 어떻게 살 것인가에 관해 함께 마음 모아 기도하는 일은 그 무엇과도 바꿀 수 없는 행복입니다.

담임목사님을 비롯해 말씀의 사역자들을 보면 괜히 기분이 좋아집니다. 그분들이 그렇게 사랑스러워 보일 수가 없습니다.

다윗이 그리스도를 주라 하였은즉 어찌 그의 자손이 되겠느냐 하시니 많은 사람들이 즐겁게 듣더라_막 12:37

주의 규례들을 항상 사모함으로 내 마음이 상하나이다_시 119:20

하나님의 말씀을 즐겁게 듣되, 시편 기자처럼 하나님의 말씀을 마음이 상할 정도로 사랑하고 싶습니다.

어떻게 설교를 들어야 할까요? 사람을 구원하고, 사람을 거룩의 길로 이끄는 말씀을 어떻게 해야 우리 삶에서 계속해서 붙들 수 있을까요?

설교가 어떻게 교회를 세우게 할 수 있을까요?

우리 성도들이 설교자를 어떻게 응원하고, 어떻게 그들의 면류관이 될 수 있을까요?

설교하는 모든 목사님께 이 책이 응원과 격려와 위로가 되길 원합니다. 설교 듣기를 기뻐하는 성도들이 많다는 것에, 설교자를 사랑하는 성도들이 많다는 것에, 설교를 잘 듣기 위해 노력하는 성도들이 많이 고민하고, 여러 노력을 하고 있다는 것에 말입니다.

또, 하나님 말씀을 사랑하고, 즐거워하는 모든 성도님께 이 책이 격려와 유익을 드리길, 도움이 되길 원합니다.

설교를 듣는 중에, 기도하면서, 말씀을 읽는 가운데, 마음속으로 **"설교, 어떻게 들어야 할까?"** 하고 진지하게 질문하는 성도님들이, 그에 답하기 위해 노력하는 성도님들이 이 책을 통해 어느 정도 시원함을 느끼실 수 있기를 소망합니다.

1장
설교, 가장 강력한 은혜의 수단

설교란 무엇입니까?

본격적인 이야기를 나누기에 앞서 우리가 가장 먼저 해야
할 일은 "설교"가 무엇인가에 관해 정리하는 것입니다.

"설교"란 무엇일까요?

우리는 매주 설교라는 말을 사용합니다. 설교자, 설교 본
문, 설교 듣기, 설교문, 설교 나눔. 네, 이런 단어들을 우리
는 주로 주일에 많이 사용하지요. 그런데 생각해보면 성경
에서는 설교라는 단어를 본 적이 없습니다. 새번역과 현대
인의성경역에서는 몇 군데서 찾아볼 수 있지만, 개신교 전

체가 가장 많이 사용하는 번역인 개역개정역과 개역한글역에서는 찾아볼 수 없는 단어입니다.

하지만, "설교"를 가리키는 용어는 성경에 매우 많이 등장합니다. 모두 우리에게 익숙한 표현입니다. 낱낱의 엄밀함을 잠시 내려놓으면, 성경에서 "말씀하시다", "가르치다", "전하고", "전도하고", "권하고", "강론하며", "전파하니라", "증언하고"와 같은 단어들은 "설교"를 가리키는 말입니다.

이런 표현들은 설교가 무엇인지, 설교가 어떤 은혜의 수단인지를 분명하고 풍성하게 보여줍니다.

하나님과 하나님의 뜻을 선포하는 것

설교는 계시 자체를 있는 그대로 전하고 보여주는 "선포"입니다. 즉, 하나님께서 누구신지, 하나님께서 무엇을 원하시며 기뻐하시는지를 하나님이 말씀하신 그대로 전하는 것입니다.

하나님께서는 선포할 때에 하나님께서 당신을 계시하신 그대로, 가감하지 말고 전하라고 명령하셨습니다(신 4:2; 12:32).

하나님께서 누구신지, 하나님께서 명령하신 율법은 무엇인지, 하나님을 어떻게 예배하고 사랑해야 하는지, 유일한 구속자는 누구신지, 믿음은 무엇인지, 구원받기 위해서는 어떻게 해야 하는지, 은혜 안에 거하는 삶은 무엇인지, 죄와 어떻게 싸워 이기는지 등은 학문의 대상이 아닙니다. 탐구함으로써 얻게 되는 지식도 아닙니다. 이는 모두 하나님께서 알려주셔야만 알 수 있는 계시로서, 설교를 통해 선포해야 할 주제와 내용입니다.

"가르치다", "전하다", "전도하다"라는 말도 같은 의미로 쓰입니다.

> 무리가 듣고 그의 가르치심에 놀라더라_마 22:33
>
> 그들이 그 가르치심에 놀라니 이는 그 말씀이 권위가 있음이러라_눅 4:32
>
> 갈릴리 여러 회당에서 전도하시더라_눅 4:44
>
> 예수께서 안식일에 한 회당에서 가르치실 때에_눅 13:10
>
> 주의 말씀을 그 사람과 그 집에 있는 모든 사람에게 전하더라_행 16:32

분부하신 모든 것을 가르치는 것, 말씀을 해석하는 것

설교는 하나님께서 명령하신 모든 것을 가르치는 것입니

다(마 28:20). 이때 "하나님께서 명령하신 모든 것"과 "가르치는 것" 둘 다 매우 중요합니다.

설교는 사람의 지식이나 경험이나 의견을 주장하거나 나누는 것이 아닙니다. 설교는 하나님께서 말씀하시고 명령하신 것을, 그것도 예외 없이 선포하고 가르치는 것입니다. 죄, 율법, 은혜에 대해, 또 하나님의 사랑과 공의에 관해, 신자의 의무와 행복, 자기 부인, 주와 함께 영광을 받는 것과 더불어 주와 함께 고난도 받아야 함, 구원받은 성도가 거룩한 삶을 위해 어떻게 달음박질할 것인가, 등. 그렇게 성경이 말하는 모든 주제에 관해 가르쳐야 합니다.

또한, 가르침은 선포된 말씀이 무슨 뜻인지, 무엇을 가리키는지를 설명하고 설득하는 일입니다. 우리는 이와 관련된 이야기, 에디오피아 내시와 빌립의 이야기를 알고 있습니다.

주의 사자가 빌립에게 말하여 이르되 일어나서 남쪽으로 향하여 예루살렘에서 가사로 내려가는 길까지 가라 하니 그 길은 광야라 일어나 가서 보니 에디오피아 사람 곧 에디오피아 여왕 간다게의 모든 국고를 맡은 관리인 내시가 예배하러 예루살렘에 왔다가 돌아가는데 수레를 타고 선지자 이사야의 글을 읽더라 성령이 빌립더러 이르시되 이 수레로 가까이 나아가라 하시거늘 빌립이 달려

가서 선지자 이사야의 글 읽는 것을 듣고 말하되 읽는 것을 깨닫느냐 대답하되 지도해 주는 사람이 없으니 어찌 깨달을 수 있느냐 하고 빌립을 청하여 수레에 올라 같이 앉으라 하니라 읽는 성경 구절은 이것이니 일렀으되 그가 도살자에게로 가는 양과 같이 끌려갔고 털 깎는 자 앞에 있는 어린 양이 조용함과 같이 그의 입을 열지 아니하였도다 그가 굴욕을 당했을 때 공정한 재판도 받지 못하였으니 누가 그의 세대를 말하리요 그의 생명이 땅에서 빼앗김이로다 하였거늘 그 내시가 빌립에게 말하되 청컨대 내가 묻노니 선지자가 이 말한 것이 누구를 가리킴이냐 자기를 가리킴이냐 타인을 가리킴이냐 빌립이 입을 열어 이 글에서 시작하여 예수를 가르쳐 복음을 전하니 길 가다가 물 있는 곳에 이르러 그 내시가 말하되 보라 물이 있으니 내가 세례를 받음에 무슨 거리낌이 있느냐_행 8:26-36

에디오피아 내시는 선포되어 기록된 말씀인 이사야서를 읽고 있었습니다. 하지만 "지도해 주는 사람이 없어서" 깨닫지 못해 답답해했습니다. 이에 빌립이 그 글이 가리키는 바를 설명해주면서 "예수를 가르쳐 복음을 전하니" 에디오피아 내시가 말씀을 깨닫고 예수님을 주로 고백하며 세례를 받게 되었습니다.

이 이야기를 통해 "깨닫게 하는" 설교가 믿음을 갖는 일에 얼마나 결정적인지 알 수 있습니다.

설교는 믿음을 불러일으킴

고넬료의 이야기는 설교가 믿음을 불러일으키는 은혜의 수단임을 보여줍니다.

> 고넬료가 이르되 내가 나흘 전 이맘때까지 내 집에서 제 구 시 기
> 도를 하는데 갑자기 한 사람이 빛난 옷을 입고 내 앞에 서서 말하
> 되 고넬료야 하나님이 네 기도를 들으시고 네 구제를 기억하셨으
> 니 사람을 욥바에 보내어 베드로라 하는 시몬을 청하라 그가 바
> 닷가 무두장이 시몬의 집에 유숙하느니라 하시기로 내가 곧 당신
> 에게 사람을 보내었는데 오셨으니 잘하였나이다 이제 우리는 주
> 께서 당신에게 명하신 모든 것을 듣고자 하여 다 하나님 앞에 있
> 나이다 베드로가 입을 열어 말하되 내가 참으로 하나님은 사람의
> 외모를 보지 아니하시고 각 나라 중 하나님을 경외하며 의를 행
> 하는 사람은 다 받으시는 줄 깨달았도다 만유의 주 되신 예수 그
> 리스도로 말미암아 화평의 복음을 전하사 이스라엘 자손들에게

보내신 말씀 곧 요한이 그 세례를 반포한 후에 갈릴리에서 시작하여 온 유대에 두루 전파된 그것을 너희도 알거니와 하나님이 나사렛 예수에게 성령과 능력을 기름 붓듯 하셨으매 그가 두루 다니시며 선한 일을 행하시고 마귀에게 눌린 모든 사람을 고치셨으니 이는 하나님이 함께 하셨음이라 우리는 유대인의 땅과 예루살렘에서 그가 행하신 모든 일에 증인이라 그를 그들이 나무에 달아 죽였으나 하나님이 사흘 만에 다시 살리사 나타내시되 모든 백성에게 하신 것이 아니요 오직 미리 택하신 증인 곧 죽은 자 가운데서 부활하신 후 그를 모시고 음식을 먹은 우리에게 하신 것이라 우리에게 명하사 백성에게 전도하되 하나님이 살아 있는 자와 죽은 자의 재판장으로 정하신 자가 곧 이 사람인 것을 증언하게 하셨고 그에 대하여 모든 선지자도 증언하되 그를 믿는 사람들이 다 그의 이름을 힘입어 죄 사함을 받는다 하였느니라 베드로가 이 말을 할 때에 성령이 말씀 듣는 모든 사람에게 내려오시니_행 10:30-44

베드로가 예수 그리스도에 관한 복음을 설교할 때에 성령님께서 듣는 모든 사람에게 내려오셨습니다. 성령님께서는 베드로가 설교할 때, 그 말씀을 가지고 고넬료 안에서 믿음을 일으키셨습니다. 베드로는 고넬료가 말씀을 듣고 구원받을 만한 믿음을 소유한 것을 깨닫고 그에게 세례를 베풀었습니다.

이처럼 성경은 여러 곳에서 설교가 믿음을 불러일으키는 강력한 은혜의 수단임을 증언합니다.

> 그런즉 그들이 믿지 아니하는 이를 어찌 부르리요 듣지도 못한 이를 어찌 믿으리요 전파하는 자가 없이 어찌 들으리요
> 그러므로 믿음은 들음에서 나며 들음은 그리스도의 말씀으로 말미암았느니라_롬 10:14, 17

이 본문은 복음을 전하는 자가 없이는 말씀을 들을 수 없다는 것과, 믿음은 말씀의 사역자들이 전하는 말씀을 들음으로 말미암는다는 것을 보여줍니다.

> 그가 그 피조물 중에 우리로 한 첫 열매가 되게 하시려고 자기의 뜻을 따라 진리의 말씀으로 우리를 낳으셨느니라_약 1:18
> 너희가 거듭난 것은 썩어질 씨로 된 것이 아니요 썩지 아니할 씨로 된 것이니 살아 있고 항상 있는 하나님의 말씀으로 되었느니라_벧전 1:23

죄와 비참 가운데 있는 사람이 구원받는 것은 하나님께서 진리의 말씀으로 그를 낳으셨기 때문입니다. 죄인이 거듭나는 것은 살아 있고 항상 있는 하나님의 말씀 때문입니다.

또한, 성경은 설교가 구원받은 신자가 은혜 안에서 굳게 서 있고, 자라가는 일에서도 매우 중요한 수단임을 강조합니다.

그가 어떤 사람은 사도로, 어떤 사람은 선지자로, 어떤 사람은 복음 전하는 자로, 어떤 사람은 목사와 교사로 삼으셨으니 이는 성도를 온전하게 하여 봉사의 일을 하게 하며 그리스도의 몸을 세우려 하심이라 우리가 다 하나님의 아들을 믿는 것과 아는 일에 하나가 되어 온전한 사람을 이루어 그리스도의 장성한 분량이 충만한 데까지 이르리니 이는 우리가 이제부터 어린아이가 되지 아니하여 사람의 속임수와 간사한 유혹에 빠져 온갖 교훈의 풍조에 밀려 요동하지 않게 하려 함이라 오직 사랑 안에서 참된 것을 하여 범사에 그에게까지 자랄지라 그는 머리니 곧 그리스도라_엡 4:11-15

내가 교회의 일꾼 된 것은 하나님이 너희를 위하여 내게 주신 직분을 따라 하나님의 말씀을 이루려 함이니라 이 비밀은 만세와

만대로부터 감추어졌던 것인데 이제는 그의 성도들에게 나타났고 하나님이 그들로 하여금 이 비밀의 영광이 이방인 가운데 얼마나 풍성한지를 알게 하려 하심이라 이 비밀은 너희 안에 계신 그리스도시니 곧 영광의 소망이니라 우리가 그를 전파하여 각 사람을 권하고 모든 지혜로 각 사람을 가르침은 각 사람을 그리스도 안에서 완전한 자로 세우려 함이니 이를 위하여 나도 내 속에서 능력으로 역사하시는 이의 역사를 따라 힘을 다하여 수고하노라_골 1:25-29

또 어려서부터 성경을 알았나니 성경은 능히 너로 하여금 그리스도 예수 안에 있는 믿음으로 말미암아 구원에 이르는 지혜가 있게 하느니라 모든 성경은 하나님의 감동으로 된 것으로 교훈과 책망과 바르게 함과 의로 교육하기에 유익하니 이는 하나님의 사람으로 온전하게 하며 모든 선한 일을 행할 능력을 갖추게 하려 함이라_딤후 3:15-17

하나님께서 어떤 사람을 사도로, 선지자로, 복음 전하는 자로, 목사와 교수로 삼으신 것은 성도를 온전하게 하기 위함입니다. 그리스도의 몸을 세우려 하기 위함입니다. 우리가 다 하나님의 아들을 믿는 것과 아는 일에 하나가 되어 온전한 사람을 이루어 그리스도의 장성한 분량이 충만한 데까지 이르게 하기 위함입니다. 말씀을 전하는 것만이, 설교만이 이를 가능하게 합니다. 우리가 정말로 이를 원한다면, 우리는 말씀을 주의 깊게 듣고, 사랑하고, 선포된 말씀에 순종해야 합니다.

복음의 사역자들이 그리스도를 전파하여 각 사람을 권하고 모든 지혜로 각 사람을 가르침은 우리 각 사람을 그리스도 안에서 완전한 자로 세우려 함입니다.

하나님의 감동으로 된 성경은 교훈과 책망과 바르게 함과 의로 교육하기에 유익하여 우리로 하여금 하나님의 사람으로 온전하게 하며, 모든 선한 일을 행할 능력을 갖추게 합니다. 말씀의 사역자들이 하나님의 말씀을 선포할 때 이런 일들이 가장 효과적으로, 가장 분명하게 일어납니다.

네, 설교가 이 모든 일을 합니다.

그렇기에 만약, 하나님께서 우리를 위해 세우신 복음의 사역자가 전하는 말씀을 우리가 주의 깊게 듣지 않는다면, 마음을 다해 받지 않는다면, 우리는 결코 그리스도의 몸을 세울 수 없습니다. 온전한 사람이 될 수도 없습니다. 말씀을 알지 못하면, 교훈과 책망과 바르게 함과 의로 교육함을 받지 못하면 선한 일을 행할 수도 없습니다.

설교는 회개하게 함

형제들아 내가 조상 다윗에 대하여 담대히 말할 수 있노니 다윗이 죽어 장사되어 그 묘가 오늘까지 우리 중에 있도다 그는 선지자라 하나님이 이미 맹세하사 그 자손 중에서 한 사람을 그 위에 앉게 하리라 하심을 알고 미리 본 고로 그리스도의 부활을 말하되 그가 음부에 버림이 되지 않고 그의 육신이 썩음을 당하지 아니하시리라 하더니 이 예수를 하나님이 살리신지라 우리가 다 이 일에 증인이로다 하나님이 오른손으로 예수를 높이시매 그가 약속하신 성령을 아버지께 받아서 너희가 보고 듣는 이것을 부어 주셨느니라 다윗은 하늘에 올라가지 못하였으나 친히 말하여 이르되 주께서 내 주에게 말씀하시기를 내가 네 원수로 네 발등상이 되게 하기까지 너는 내 우편에 앉아 있으라 하셨도다 하였으니 그런즉 이스라엘 온 집은 확실히 알지니 너희가 십자가에 못 박은 이 예수를 하나님이 주와 그리스도가 되게 하셨느니라 하니라 그들이 이 말을 듣고 마음에 찔려 베드로와 다른 사도들에게 물어 이르되 형제들아 우리가 어찌할꼬 하거늘 베드로가 이르되 너희가 회개하여 각각 예수 그리스도의 이름으로 세례를 받고 죄 사함을 받으라 그리하면 성령의 선물을 받으리니 이 약속은 너희와 너희 자녀와 모든 먼 데 사람 곧 주 우리 하나님이 얼마든지 부르시는 자들에게 하신 것이라 하고 또 여러 말로 확증하며 권하여 이르되 너희가 이 패역한 세대에서 구원을 받으라 하니 그 말을 받은 사람들은 세례를 받으매 이날에 신도의 수가 삼천이나 더하더라_행 2:29-41

회개, 곧 "우리가 어찌할꼬" 하며 애통해하고, 자기 잘못에 대하여 깨닫고 깊이 뉘우치는 것은 죄인이 구원받게 하고, 구원받은 성도가 거룩의 길로 계속해서 걸어가도록 해주는 은혜입니다.

따라서 말씀을 통해, 주로 설교를 통해 지속해서 회개에 대해 가르침을 받고, 책망받고, 실제 회개하는 것은 그리스도인이 경건한 삶을 살아가는 일에 매우 중요합니다.

우리 지식과 경험을 잘 생각해보면, 회개는 주로 설교를 들을 때만 (그리고 말씀 묵상을 통해서만) 가능하다는 것을 알 수 있습니다. 설교가 우리 신앙에 얼마나 중요한지를 알 수 있습니다.

이스라엘 자손이 자기들의 성읍에 거주하였더니 일곱째 달에 이르러 모든 백성이 일제히 수문 앞 광장에 모여 학사 에스라에게 여호와께서 이스라엘에게 명령하신 모세의 율법책을 가져오기를 청하매 일곱째 달 초하루에 제사장 에스라가 율법책을 가지고 회중 앞 곧 남자나 여자나 알아들을 만한 모든 사람 앞에 이르러 수문 앞 광장에서 새벽부터 정오까지 남자나 여자나 알아들을 만한 모든 사람 앞에서 읽으매 뭇 백성이 그 율법책에 귀를 기울였는데 그때에 학사 에스라가 특별히 지은 나무 강단에 서고 그의 곁 오른쪽에 선 자는 맛디댜와 스마와 아나야와 우리야와 힐기야와 마아세야요 그의 왼쪽에 선 자는 브다야와 미사엘과 말기야와 하숨과 하스밧다나와 스가랴와 므술람이라 에스라가 모든 백성 위에 서서 그들 목전에 책을 펴니 책을 펼 때에 모든 백성이 일어서니라 에스라가 위대하신 하나님 여호와를 송축하매 모든 백성이 손을 들고 아멘 아멘 하고 응답하고 몸을 굽혀 얼굴을 땅에 대고 여호와께 경배하니라 예수아와 바니와 세레뱌와 야민과 악굽과 사브대와 호디야와 마아세야와 그리다와 아사랴와 요사밧과 하난과 블라야와 레위 사람들은 백성이 제자리에 서 있는 동안 그들에게 율법을 깨닫게 하였는데 하나님의 율법책을 낭독하고 그 뜻을 해석하여 백성에게 그 낭독하는 것을 다 깨닫게 하니 백성이 율법의 말씀을 듣고 다 우는지라 총독 느헤미야와 제사장 겸 학사 에스라와 백성을 가르치는 레위 사람들이 모든 백성에게 이르기를 오늘은 너희 하나님 여호와의 성일이니 슬퍼하지 말며

울지 말라 하고 느헤미야가 또 그들에게 이르기를 너희는 가서 살진 것을 먹고 단 것을 마시되 준비하지 못한 자에게는 나누어 주라 이날은 우리 주의 성일이니 근심하지 말라 여호와로 인하여 기뻐하는 것이 너희의 힘이니라 하고 레위 사람들도 모든 백성을 정숙하게 하여 이르기를 오늘은 성일이니 마땅히 조용하고 근심하지 말라 하니 모든 백성이 곧 가서 먹고 마시며 나누어 주고 크게 즐거워하니 이는 그들이 그 읽어 들려 준 말을 밝히 앎이라 _느 8:1-12

작년에 교회에서 느헤미야 강해설교를 들었던 기억이 납니다.

느헤미야가 율법을 읽자, 뭇 백성이 귀를 기울였습니다. 레위 사람들이 율법을 낭독하고 그 의미를 이스라엘 자손들이 깨닫도록 설명하니 백성이 율법의 말씀을 듣고 울며 회개했습니다. 말씀의 사역자들은 하나님의 말씀을 온전히 전했고, 말씀을 들은 성도들은 마음이 찔려 회개했습니다.

광교장로교회 온 성도가 이 설교 시리즈를 들으며 하나님 말씀을 듣는 것과 "회개"에 대해 깊이 생각하고, 깨닫고, 회개했던 기억이 납니다.

네, 설교는, 우리로 하여금 회개하게 합니다. 죄에 대하여는 점점 더 죽게, 의에 대하여는 점점 더 살게끔 회개하게 합니다. 이전에는 생각도 못 했거나, 그렇지 않다고 생각했던 것들이 실제로는 얼마나 교묘한 죄인지 깨닫게 해줍니다. 죄를 지을 수밖에 없는 우리의 비참함을 바로 보게 해줍니다. 거룩하신 하나님 앞에서 죄를 미워하도록 회개하게 합니다. 선하신 하나님을 따라, 참되고 거룩한 것을 추구하도록 회개하게 합니다. 설교 없이는 회개할 수 없습니다.

가장 강력한 은혜의 수단 - 설교

지금까지 살펴봤듯이, 설교는 하나님께서 가장 강력하게 사용하시는 은혜의 수단입니다. 하나님께서는 이 은혜의 수단을 크게 기뻐하십니다.

그런데 21세기를 살아가는 우리에게는 설교가 답답해 보입니다. 특히 오늘날과 같이 교회가 세상으로부터 지탄을 받고 있는 상황에서는 설교가 더욱 미련해 보입니다. 20세기 말부터 교회에 들어온 각종 영상과 프로그램과 문화는 설교가 더이상 현대에 어울리지 않거나, 또는 여전히 가치가 있지만, 최선은 아니라는 전제를 깔고 교회 깊숙이 자리

잡고 있습니다. 어떤 사람들은 설교가 더 현대적이어야 한다고 주장하면서, 설교가 좀더 가벼운 강연이나 대담 등이 되어야 한다고 말합니다. 네, 현대인인 우리 눈에 설교는 그 방법이나 형태 모두 합리적이지 않아 보입니다.

하지만 성경은 다르게 말합니다.

하나님의 지혜에 있어서는 이 세상이 자기 지혜로 하나님을 알지 못하므로 하나님께서 전도의 미련한 것으로 믿는 자들을 구원하시기를 기뻐하셨도다_고전 1:21

형제들아 내가 너희에게 나아가 하나님의 증거를 전할 때에 말과 지혜의 아름다운 것으로 아니하였나니 내가 너희 중에서 예수 그리스도와 그가 십자가에 못 박히신 것 외에는 아무것도 알지 아니하기로 작정하였음이라 내가 너희 가운데 거할 때에 약하고 두려워하고 심히 떨었노라 내 말과 내 전도함이 설득력 있는 지혜의 말로 하지 아니하고 다만 성령의 나타나심과 능력으로 하여 너희 믿음이 사람의 지혜에 있지 아니하고 다만 하나님의 능력에 있게 하려 하였노라 그러나 우리가 온전한 자들 중에서는 지혜를 말하노니 이는 이 세상의 지혜가 아니요 또 이 세상에서 없어질 통치자들의 지혜도 아니요 오직 은밀한 가운데 있는 하나님의 지혜를 말하는 것으로서 곧 감추어졌던 것인데 하나님이 우리의 영광을 위하여 만세 전에 미리 정하신 것이라 이 지혜는 이 세대의 통치자들이 한 사람도 알지 못하였나니 만일 알았더라면 영광의 주를 십자가에 못 박지 아니하였으리라 기록된바 하나님이 자기를 사랑하는 자들을 위하여 예비하신 모든 것은 눈으로 보지 못하고 귀로 듣지 못하고 사람의 마음으로 생각하지도 못하였다 함과 같으니라 오직 하나님이 성령으로 이것을 우리에게 보이셨으니 성령은 모든 것 곧 하나님의 깊은 것까지도 통달하시느니라_고

전 2:1-10

"설교는 한물갔다. 오늘날과 같은 때에 설교의 그런 방법과 형태는 낡아서 효력이 별로 없다." 이런 주장은 우리 눈으로 보기에, 우리 귀로 듣기에 그럴듯하게 보입니다. 하지만 이러한 주장은 구약시대에도 있었고, 예수님 당시에도 있었고, 지난 교회 역사 내내 있었습니다.

사람들의 이런 생각과 달리 성령님께서는 복음이 효과적으로 능력을 나타내게 하실 때 "말과 지혜의 아름다운 것으로" 하지 않으십니다. 복음 전하는 자의 말과 전도함이 "설득력 있는 지혜의 말"이 아니라 "다만 성령의 나타나심과 능력으로" 힘 있게 하십니다. 이는 우리 믿음이 "사람의 지혜에 있지 아니하고 다만 하나님의 능력에 있게 하려" 하시

기 때문입니다. 우리의 지식이 아무리 크게 자라고, 과학이 발달하고, 사람 사는 모습이 어떠한 모습으로 변한다고 할지라도, 우리는 하나님께서 기쁘게 사용하시는 은혜의 수단, 설교를 통해 "눈으로 보지 못하고 귀로 듣지 못하고 사람의 마음으로 생각하지도 못한" 일들을 보게 될 것입니다.

"설교만이" 사람에게 구원받을 만한 믿음을 주고, 구원받은 성도들이 거룩의 길을 걷도록 하며, 그들을 온전하게 만듭니다.

우리 선조들은 웨스트민스터 소교리문답에서 이에 관해 다음과 같이 잘 정리했습니다.

88문답

문. 그리스도께서 우리에게 구속의 혜택을 전하는 데 사용하시는 외적이고 일반적인 수단들은 무엇입니까?

답. 그리스도께서 우리에게 구속의 혜택을 전하는 데 사용하시는 외적이고 일반적인 수단들은 그리스도께서 세우신 규례인데, 특히 말씀과 성례와 기도가 그러합니다. 이 모두가 택하신 자들을 구원하는 데 효과적인 수단입니다.

89문답

문. 말씀이 어떻게 구원을 위해 효과적으로 사용됩니까?

답. 하나님의 성령께서는 말씀을 읽는 것, 특별히 말씀을 설교하는 것을 효과적인 수단으로 사용하셔서 죄인을 깨닫게 하시고 회개하게 하시며, 구원에 이르는 믿음으로 죄인들을 거룩함과 위로로 세우셔서, 말씀이 구원을 위해 효과적으로 사용되게 하십니다.

중요한 내용들이 간략하게 잘 정리돼서 내용이 한눈에 들어옵니다.

"특별히 말씀을 설교하는 것을 효과적인 수단으로 사용"하신다는 표현이 눈에 들어옵니다. 하나님께서는 말씀을 읽는 것, 그리고 기도와 성례를 통해서도 그리스도께서 우리를 위해 베푸시는 구속의 혜택을 전하십니다. 하지만 성례도 기도도 말씀을 떠나서는 존재할 수 없습니다.

하나님께서는 하나님께서 세우신 직분자를 통해 말씀을 선포하시고 가르치시며, 이를 특별한 은혜의 수단, 가장 힘이 넘치는 은혜의 수단으로 삼으셨습니다.

훨씬 더 풍부한 웨스트민스터 대교리문답을 보시겠습니다.

153문답

문. 우리가 율법을 어기므로 마땅히 받아야 할 하나님의 진노와 저주를 피하도록 하나님께서 우리에게 요구하시는 것은 무엇입니까?

답. 우리가 율법을 어기므로 마땅히 받아야 할 하나님의 진노와 저주를 피하도록 하나님께서 우리에게 요구하시는 것은, 하나님께 대한 회개와 우리 주 예수 그리스도께 대한 믿음과, 그리스도께서 우리에게 자신의 중보의 혜택들을 전하는 데 사용하시는 외적 수단들을 부지런히 사용하는 것입니다.

율법을 어기므로 마땅히 받아야 할 하나님의 진노와 저주를 피하기 위해서는, 믿음과 회개만이 아니라 그리스도께서 우리에게 당신의 중보의 혜택들을 전하는 데 사용하시는 외적 수단들을 부지런히 사용해야 합니다. 우리는 이 외적 수단들을 "부지런히 사용"해야 하는데, 이 외적 수단들이 무엇인지는 다음 154문답이 설명해줍니다.

154문답

문. 그리스도께서 자신의 중보의 혜택들을 전하는 데 사용하시는 외적 수단들은 무엇입니까?

답. 그리스도께서 자신의 중보의 혜택들을 전하는 데 사용하시는 외적이고 일반적인 수단들은, 그리스도께서 세우신 모든 규례들인데, 특히 말씀과 성례와 기도가 그러합니다. 이 모두가 택하신 자들을 구원하는 데 효과적인 수단입니다.

이 외적 수단들에는 여럿이 있는데, 우리가 흔히 은혜의 수단, 또는 은혜의 방편이라고 부르는 말씀과 성례와 기도가 대표적으로 꼽혀 있습니다. 대교리문답은 이 모두가 택하신 자들을 구원하는 데 효과적인 수단이라고 말합니다. 다음 155문답은 이 중 말씀에 관해 진술합니다.

155문답

문. 말씀이 어떻게 구원을 위해 효과적으로 사용됩니까?

답. 하나님의 성령께서는 말씀을 읽는 것, 특별히 말씀을 설교하는 것을 효과적인 수단으로 사용하셔서 죄인을 이해시키시고 깨닫게 하시고 겸손하게 하시며, 죄인들을 그들 자신에게서 끌어내어 그리스도께로 이끄십니다. 또 죄인들이 그리스도의 형상을 따르게 하시고, 그리스도의 뜻에 복종하게 하시고, 유혹과 부패에 맞설 수 있도록 그들을 강하게 하시고, 은혜 안에서 세우시고, 구원에 이르는 믿음으로 죄인들의 마음을 거룩함과 위로로 굳게 세우셔서, 말씀이 구원을 위해 효과적으로 사용되게 하십니다.

이런 교리문답들을 잘 생각해보면, 성도들이 나태하고, 힘없고, 때로는 패배감에 절어 살고 심지어 세속적으로 사는 이유가 바로 말씀을 가까이하지 않기 때문임을 알 수 있습니다.

우리가 설교를 하나님의 말씀으로, 무겁게 받아들이지 않을 때, 우리가 설교 말씀을 우리 삶에 적용하려고 애써 노력하지 않을 때 우리는 하나님께서 베푸시고자 하는 은혜들을 누릴 수가 없게 됩니다.

왜 우리는 설교를 들어야 합니까? 왜 우리는 말씀을 들어야 하나요?

하나님께서 말씀하시기 때문입니다. 다른 이유가 필요한가요? 하나님께서 말씀하십니다. 그러면 우리는 들어야 합니다.

대교리문답 155문답을 다시 한번 읽어봅시다. 왜 설교를 들어야 하나요? 하나님께서는 정말이지 설교를 통해서만 죄인을 구원하시고, 구원하신 죄인을 거룩하게 만들어가시기 때문입니다.

거룩하신 하나님께서, 우리에게 생명을 주시는 하나님께서, 우리에게 참되고 경건한 것을 보이시는 하나님께서 말씀하십니다. 그렇다면 연약한 죄인인 우리는 얼마나 간절히 들어야 하겠습니까? 얼마나 마음 다해 들어야 할까요? 말씀하시는데 우리가 듣지 않는 것만큼 하나님을 모욕하는 것은 없을 것입니다.

하나님께서는 우리를 구원하시기 위해, 우리가 믿고 회개하도록, 우리 영혼이 변화되도록 많은 말씀의 사역자를 보내셨습니다. 그들은 헐벗고 굶주리는 가운데서도, 온갖 욕설과 모욕을 받는 중에도, 때로는 죽으면서까지도 하나님의 말씀을 전했습니다.

아… 그들이 죽기까지 보냄을 받았다면 우리도 죽기까지 들어야 하지 않을까요? 그들이 죽으면서까지 전하고자 했던 말씀을, 우리도 그런 각오로 들어야 하지 않을까요?

오늘날 세상 사람들이 하나님의 말씀을 비방하고 모욕하는 것은, 하나님의 말씀이 진리가 아니라서, 능력이 없어서가 아닙니다. 우리가 듣지 않기 때문입니다. 하나님의 말씀을 신앙과 삶의 유일한 법칙으로 삼지 않기 때문입니다.

하나님을 사랑한다고 말하는 우리가, 하나님을 왕으로, 주와 구주로 고백하는 우리가 하나님의 말씀을 가까이하지 않기 때문입니다. 하나님의 말씀에 순종하는 것은 말할 것도 없고, 하나님의 말씀을 아는 일에 우리가 너무나 무관심하기 때문입니다.

하나님께서 중요하게 여기시면 우리도 중요하게 여겨야 하지 않겠습니까? 하나님께서 그렇게 강조하셨으면, 우리도 그렇게 무겁게 받아야 하지 않겠습니까?

설교가 왜 중요한가요?

설교를 왜 들어야 합니까?

설교가 중요한 이유는, 우리가 설교를 들어야 하는 이유는, 설교가 삼위 하나님이 누구신지, 유일한 구속자는 누구신지, 우리가 어떻게 의롭다 함을 받을 수 있는지, 죄와 비참은 무엇인지, 하나님의 영광이 무엇이고, 어떻게 영광 돌릴 수 있는지, 하나님과 이웃을 사랑한다는 것이 무엇인지, 참되고 살아 있는 신앙, 경건한 삶이 무엇인지를 가르쳐주는 "유일한 수단"이기 때문입니다.

설교자를 하나님의 말씀을 선포하고, 가르치는 사람으로 부르셨다면, 우리는 그 선포된 말씀을 듣고 배우고 사랑하는 사람으로 부름 받은 사람입니다. 선포하고 가르치는 사람을 우리에게 보내셨으니 우리는 말씀을 들어야 합니다. 하나님께서 설교와 설교자를 은혜의 도구로 삼으셨기 때문입니다.

두아디라 시에 있는 자색 옷감 장사로서 하나님을 섬기는 루디아

라 하는 한 여자가 말을 듣고 있을 때 주께서 그 마음을 열어 바울
의 말을 따르게 하신지라 그와 그 집이 다 세례를 받고 우리에게
청하여 이르되 만일 나를 주 믿는 자로 알거든 내 집에 들어와 유
하라 하고 강권하여 머물게 하니라_행 16:14-15

주님께서 루디아의 마음을 여신 때는 루디아가 바울의
말을 들었을 때였습니다. 루디아가 구원받는 신앙을 받게
된 것은 바울이, 하나님의 말씀을 전하고 선포할 때, 곧 설
교할 때 그 말씀을 마음으로 받았기 때문입니다.

모든 게 사라진다 해도 설교만은 남을 것

코로나19 바이러스로 말미암아 온 세계가 팬데믹 아래
있습니다. 교회는 모이기 어렵고 힘든 상황 가운데서 이 신
앙을 계속해서 전하고 지키기 위해 애쓰고 있습니다. 한편,
이 상황이 쉽게 끝날 것 같지 않아 교회는 예배와, 교회 공
동체에 관해 여러 관점에서 고민하고 해결 방안을 모색하고
있습니다.

예배의 핵심은 무엇일까? 교회가 교회답기 위해서 무조
건, 절대적으로 지켜야 할 것은 무엇인가? 방역을 위해 다
른 것들은 잠시 내려놓더라도, 절대 내려놓을 수 없는 것은

무엇일까?

지금까지 우리가 살펴본 바에 의하면, 모든 게 사라진다 해도 설교만은 남을 것입니다. 설교만은 남아서 교회를 지킬 것입니다. 말씀만 남아 있으면 다시 시작할 수 있기 때문입니다. 말씀만 있으면, 사실상 모든 것을 다 할 수 있기 때문입니다.

오직 말씀만이 가능합니다. 죄인에게 구원의 메시지를 전하고, 성도에게 거룩한 길을 보여주는 일, 하나님을 알고 사랑하고 예배하게 하는 일, 하나님 나라와 교회를 섬기는 일… 오직 설교라야만 가능합니다.

더 깊은 공부와 나눔을 위한 질문

1. 지은이는 설교를 무엇이라고 정의합니까? 여러분은 설교가 무엇이라고 생각하십니까?

2. 지은이는 설교가 왜 가장 강력한 은혜의 수단이라고 주장합니까?

3. 여러분에게 기억에 남는 설교가 있다면 나눠 봅시다.

4. 설교를 통해 회심한 경험을 나눠 봅시다. 귀감이 될만한 이야기를 나누어도 좋습니다.

5. 설교를 통해 신앙이 성장한 경험을 나눠 봅시다. 귀감이 될만한 이야기를 나누어도 좋습니다.

6. 설교라야만 한다는 지은이의 주장에 동의하십니까? 그렇다면 왜 그런지 나눠 봅시다. 동의하지 않는다면, 왜 동의하지 않는지도 나눠 봅시다.

7. 하나님께서 설교를 통해 구원하는 은혜, 또는 믿음이 자라게 하는 은혜를 베푸신 예들을 성경에서 찾아보고 묵상합시다.

[1장 설교: 가장 강력한 은혜의 수단]을 읽으면서 하나님께서 깨닫게 해주신 것과 베풀어 주신 은혜를 생각하며 감사합시다. 또 깨달아 배우고 확신한 일에 거할 수 있게 해 달라고 기도합시다.

2장
설교, 어떻게 들어야 할까요?

설교 잘 듣는 법에 대한 교리문답의 가르침

웨스트민스터 소교리문답 90문답

문. 말씀을 어떻게 읽고 들어야 말씀이 우리가 구원받는 데 효과적으로 사용됩니까?

답. 말씀이 우리가 구원받는 데 효과적으로 사용되려면 우리는 부지런한 태도와 준비된 마음과 기도로 말씀을 읽고 듣는 일에 주의를 기울여야 하며, 말씀을 믿음과 사랑으로 받아들이고, 말씀을 우리 마음에 두며, 우리 삶 속에서 말씀을 실천해야 합니다.

소교리문답은 중요한 내용을 간략하게 정리해서 내용이 한눈에 잘 들어옵니다. 내용이 그렇게 길지 않기 때문에 자주 읽어 암송하고, 주일마다 90문답을 떠올리면 예배를 준비하는 데 도움이 크리라 생각합니다.

한편, 소교리문답 90문답의 내용을 대교리문답은 세분화해서 좀더 풍성하게 진술합니다.

157문답

문. 하나님의 말씀은 어떻게 읽어야 합니까?

답. 우리는 하나님의 말씀을 크게 높이며, 경건하고 매우 존경하는 마음으로 읽어야 합니다. 성경이 바로 하나님의 말씀이며, 하나님께서만이 우리가 성경을 이해하게 하실 수 있다는 굳은 확신을 가지고 읽어야 합니다. 또 성경에 계시된 하나님의 뜻을 알고 믿고 순종하고자 하는 열망을 가지고 읽어야 합니다. 부지런히 읽어야 하고, 성경의 내용과 목적에 주의하며 읽어야 하고, 묵상하고, 적용하고, 자기를 부인하고, 기도하며 읽어야 합니다.

160문답

문. 설교를 듣는 사람들에게 요구되는 것은 무엇입니까?

답. 설교를 듣는 사람들에게 요구되는 것은, 부지런한 태도와 준비된 마음과 기도로 설교를 주의해서 듣는 것입니다. 또한 설교를 성경에 근거해 검토하고, 성경과 일치하면 믿음과 사랑과 온유함과 간절한 마음으로 그 내용을 하나님의 말씀으로 받아들이는 것입니다. 또 그 설교를 묵상하고, 함께 나누며 공부하고, 마음속에 간직하고, 삶 속에서 그 열매가 맺어지게 하는 것입니다.

대교리문답은 이렇게 읽는 것과 듣는 것을 나누어서 진술하고 있습니다.

먼저 160문답을 보면, 우리는 설교를 들을 때 "부지런한 태도와 준비된 마음과 기도로 설교를 주의해서" 들어야 합니다. 아무런 갈망이나 갈급함 없이 앉아 있어서는 안 됩니다. 하나님께서는 우리에게 은혜 베푸시기를 기뻐하시는 분이며, 능력의 말씀으로 우리를 세우시고, 위로하시며, 죄에서 돌이키게 하실 수 있는 분임을 굳게 믿으며 기도로 마음을 준비하고, 기도하면서 들어야 합니다.

또, 설교자가 전하는 것이 무조건 다 하나님의 말씀이라는 맹목적이거나 우상 숭배적인 태도로 들어서는 안 됩니다. 베뢰아 사람들처럼 설교가 하나님의 말씀과 일치하는가, 하나님의 말씀에 충실한가를 검토해야 합니다. 베뢰아 사람들은 사도 바울이 전한 메시지임에도 그 메시지가 정말 성경에 충실한가를 따져봤습니다(행 17:11). 바른 복음을 전하는 충성된 일꾼들도 많지만, 거짓된 복음을 전하는 자들도 많기 때문입니다(렘 6:14; 8:11). 하나님께서는 우리가 영들을 다 믿지 말고 분별하길 원하십니다(요일 4:1). 이다음이 정말 중요합니다. "성경에 근거해 검토한 후, 성경과 일치하면 믿음과 사랑과 온유함과 간절한 마음으로 그 내용을 하나님의 말씀으로 받아들여야" 합니다. 성경에 일치하는지 상고하는 이유는 검토 그 자체에 있지 않습니다. 어떤 사람들은 상고하는 일에 너무나, 과한 에너지를 쏟습니다. 심지어 설교자의 몸짓, 말투 하나하나까지 자기들의 기준으로 판단하려고 합니다. 하나님께서 성경에 근거해 검토하라고 명령하신 이유는 설교자와 설교를 판단하고, 우리 기준에 맞추는 데에 있지 않습니다. "성경과 일치하면 믿음과 사랑과 온유함과 간절한 마음으로 그 내용을 하나님의 말씀으로 받아들이게" 하기 위한 것입니다. 우리는 말씀을 들으면서 그 말씀이 성경의 전체 가르침과 일치하고, 하나님의 영광을 드러내며, 사람에게 참된 경고와 위안을 전해줄 때, 그 말씀을 지체 없이, 전적으로 하나님의 말씀으로 받아들여야 합니다. 참되게 믿는 마음으로, 그 진리의 말씀을 사랑하고 그 말씀을 주신 하나님을 온전히 사랑하는 마음으로 받아들여야 합니다. 간절히, 갈급한 심령으로, 겸손하고 온유한 마음으로 받아들여야 합니다.

더 중요한 단계가 남아 있습니다. 선포된 말씀이 우리의 신앙과 삶이 되도록 노력하는 것입니다. 곧, "설교를 묵상하고, 가족과 동료 성도들과 함께 나누며 공부하고, 마음속에 간직하고, 삶 속에서 그 열매가 맺어지게" 하는 것입니다.

구체적으로 어떻게 할 수 있는지는 뒤에서 여러분과 더 자세히 살펴보도록 하겠습니다.

157문답은 "어떻게 읽어야 하는가"에 관해 이야기하고 있지만, 이는 설교를 들을 때 적용해도 적절한 내용입니다.

이에 따르면, 우리는 설교를 들을 때 하나님의 말씀을 크게 높이며, 경건하고 매우 존경하는 마음으로 들어야 합니다. 하나님께서만이 우리가 말씀을 이해하게 하실 수 있다는 굳은 확신을 가지고 들어야 합니다. 또, 성경에 계시된 하나님의 뜻을 알고 믿고 순종하고자 하는 열망으로 들어야 합니다. 부지런히, 성실하게 들어야 하며, 성경의 내용과 목적에 주의하며 들어야 하고, 마음에 계속 새기기를 노력하면서, 우리 신앙과 삶에 적용하면서, 자기를 부인하면서, 기도하면서 들어야 합니다.

여기에 더하여 설교자들이 어떻게 설교해야 하는지를 진술하는 159문답도 함께 살펴보려 합니다.

159문답

문. 하나님의 말씀을 설교할 수 있도록 부름 받은 사람들은 하나님의 말씀을 어떻게 설교해야 합니까?

답. 말씀을 설교하는 일에 봉사하도록 부름 받은 사람들은, 바른 교리를, 부지런히, 때를 얻든지 못 얻든지 설교해야 합니다. 알기 쉽게 설교하고, 사람의 지혜의 말로 꾀는 것이 아니라 성령의 나타나심과 능력으로 설교해야 합니다. 또 충실하게, 하나님의 모든 뜻을 알도록 설교하고, 지혜롭게, 설교를 듣는 사람들의 필요와 이해력에 따라 적용하여, 열렬히, 하나님과 하나님의 백성에 대한 뜨거운 사랑을 가지고 설교해야 합니다. 진심으로, 하나님의 영광과 설교를 듣는 사람들의 회심과 교화와 구원을 목표로 설교해야 합니다.

보시다시피 159문답은 설교자가 하나님의 말씀을 어떻게 설교해야 할 것인지에 대해 다루고 있습니다. 하지만 조금만 바꿔 생각해보면, 이 문답도 설교를 듣는 우리에게 매우 적절한 가르침을 제공해 줍니다.

문답에 따르면, 우리는 설교를 들을 때 바른 교리를 들을 수 있도록 기도하고 필요에 따라 요청도 해야 합니다. 깨닫고 이해하기 위해 최대한 노력하며 듣되, 어려움을 계속 느끼면 설교자에게 말해서 청중이 설교를 듣는 데 이러저러한 어려움이 있다고 알림으로써 설교자를 도울 수 있습니다. 우리는 설교가 사람의 지혜의 말로 꾀는 것이 아니라 성령의 나타나심과 능력으로 하는 것임을 기억하여, 설교자가 구사하는 유려한 문장이 아니라 오직 성령님만 의지하며 말씀을 들어야 합니다. 때로 성도들이 목사를 지나치게 의지함으로 말미암아 교회가 건강을 잃게 되는 모습을 보게 된다는 것을 기억할 때, 이러한 자세는 우리가 설교자를 계속해서 의지하고 사랑하며, 그와 함께 끝까지 갈 수 있게 하는 태도입니다. 설교자가 하나님의 모든 뜻을 알리도록 설교한다면, 우리 또한 거르지 말고 하나님의 모든 뜻을 알고자 하는 마음으로 설교를 들어야 합니다. 설교자가 열렬히, 하나님과 하나님의 백성에 대한 뜨거운 사랑을 가지고 설교하는 것과 마찬가지로 우리 또한 하나님과 하나님의 백성에 대한 뜨거운 사랑으로 말씀을 들어야 합니다. 진심으로, 하나님의 영광과, 함께 설교를 듣는 모든 성도의 회심과 경건을 위해 기도하면서 설교를 들어야 합니다.

무엇보다 이 문답을 읽고 설교자가 어떤 마음과 어떤 자세로 한 편의 설교를 준비하는가를 생각하면서 우리는 설교자를 위해 더 기도하고, 그를 더 존경하며, 그를 더 사랑하고, 그를 주신 하나님께 더 감사할 수 있게 됩니다.

설교 본문 미리 읽기 (in 가정 예배)

우리가 어떻게 해야 말씀을 귀하게 받을 수 있을까요? 우리가 어떻게 해야 하나님의 말씀을 가까이할 수 있을까요? 우리가 어떻게 해야 설교를 하나님의 말씀으로 받고, 마음에 새기고, 사랑하며, 기쁘게 순종하며 살 수 있을까요?

우리가 예배를 사모하고, 기도하며, 말씀을 가까이하고, 여러 복음의 의무들을 부지런히 행할 때, 하나님께서는 우리의 마음을 감동시키시고 뜨겁게 하셔서 우리가 예배를 사모하게 하시고, 기도하게 하시고, 말씀을 가까이하게 하십니다.

맹인 두 사람이 길가에 앉았다가 예수께서 지나가신다 함을 듣고
소리 질러 이르되 주여 우리를 불쌍히 여기소서 다윗의 자손이여

우리가 소리 질러 그리스도를 바라볼 수만 있다면, 그렇게 하나님의 은혜를 간절히 사모하고, 또 그 은혜를 받을 수만 있다면 얼마나 좋을까요.

아무것도 안 하면, 아무 일도 일어나지 않습니다. 가만히 있으면 간절함이 생기지 않습니다. 간절함을 구하며 노력해야 간절함이 생기고, 갈급함을 깨닫고 느끼게 됩니다.

이제 구체적으로 살펴보겠습니다.

우리가 소풍 가는 아이처럼 주일을 기다릴 수는 없을지라도, 설교 듣기를 항상 고대할 순 없을지라도 흉내는 낼 수 있습니다.

토요일 밤, 또는 주일 아침 이른 시간을 어떻게 보내느냐에 따라 주일 공예배에 임하는 우리의 마음이 달라집니다. 설교자가 준비한 설교는 모두에게 똑같겠지만, 경건에 힘쓴 사람에게는 다른, 특별한 설교가 될 것입니다.

요새 많은 교회에서 하는 것과 같이 광교장로교회도 토요일이면 주보가 SNS에 올라옵니다. 설교 본문이 어디인지를 확인할 수 있지요. 그러면 많은 가정에서 설교 본문을 읽고 잠시 묵상합니다. 내일 하나님께서 설교자를 통해 어떤 말씀을 들려주실지 기대하는 마음으로 기도합니다. 서로 짧게 나누기도 하지요.

가정 예배, 또는 가정 경건회로 모이면서 조금 더 많이 묵상하고, 생각을 더 많이 나누고, 조금 더 기도하는 가정도 많습니다.

꼭 토요일에 읽을 필요는 없습니다. 주일 아침에, 교회 가기 위해 너무 분주한 상황이 아니라면, 어느 정도 묵상할 시간이 충분하다면 주일 아침도 좋은 시간입니다.

저희 가정을 말씀드리면, 토요일 저녁에 주일설교 본문으로 가정 예배를 드립니다. 본문에 대한 주제, 배경을 이야기하면서 자녀들에게 궁금증을 일으킵니다. 설명을 마치면서 하는 말, "자, 깊고 풍성하고 자세한 말씀은 내일 목사님께서 해주실 거야."가 제 단골 멘트입니다. 아이들은 종종 본문을 읽고 궁금한 것, 제가 얘기하면서 강조한 것을 따로 적은 후 다음날 설교를 들을 때 좀더 주의 깊게 듣습니다. 큰 아이 둘은 제가 설명해 준 것이 다음날 설교를 듣는 데 도움이 된다고 합니다. 더 집중해서 들을 수 있고, 더 잘 기억난다고 합니다.

이 정도로도 충분하지만, 중학생 이상 청소년들과 성인은 『개혁주의 스터디 바이블』이나 개별 설교집, 주석서 등을 통해 본문에 대한 설명을 미리 한 번 읽어가는 것도 좋습니다. 다른 자료를 통해 본문을 조금 공부한 후 다음날 설교를 들으면 훨씬 집중하게 되기 때문입니다.

여러분께서도 토요일 저녁 시간 일부를, 적어도 한 시간 정도를 따로 떼어 주일을 위해 사용해 보시기 바랍니다. 주일을 대하는 우리 마음의 태도가 분명 달라질 것이고, 주일 자체가 달라질 것입니다.

광교장로교회에는 배우고 싶은 분들이 많습니다. 정말 본이 되는 신앙 선배님들과 동료분들이 많이 계십니다. 이분들은 토요일이든, 설교를 듣고 난 후 주일 저녁이든 설교 본문 말씀에 대해 따로 공부하십니다. 설교가 부족해서라거나, 설교에 이의가 있어서가 아닙니다. 설교자분들처럼은 아니어도, 말씀과 씨름하고 싶어서입니다. 공부하고 가서 수업 들어야 더 잘 배우게 되고, 집에 와서 복습해야 더 온전히 자기 것으로 만드는 것처럼, 설교 본문을 더 잘 이해하고, 더 사랑하고, 더 마음에 담아 두기 위해서 그렇게 합니다.

독자 여러분들의 교회에도 이런 멋진 신앙 선배님들, 동료분들이 있으실 것입니다. 이 책을 읽고 계시는 독자 여러분께서 바로 그러한 분이실지도 모르겠네요. 이런 분들이 교회에 많아질수록 교회가 더 튼튼히 서갈 것이라고 믿습니다.

주일 오전에 개인 경건의 시간 보내기

"도르트 신조" 낭독

저는 도르트 신조를 매주 읽습니다. 도르트 신조는 하나
님의 주권적 은혜에 대한 위대한 신앙고백으로 알려진 개혁
주의 신앙고백입니다. 셋째 교리와 넷째 교리가 한 묶음으
로 묶여있어서 다섯 개의 교리가 네 단위로 구성되어 있습
니다. 그리고 각 교리는 여러 조항으로 이루어져 있지요.

각 교리를 낭독하는 데 보통 15분 정도 걸리며, 분량이
적은 둘째 교리는 6~7분 정도 걸립니다.

1주	첫째 교리 (총 18항, 15분)
2주	둘째 교리 (총 9항, 6분)
3주	셋째/넷째 교리 (총 17항, 15분)
4주	다섯째 교리 (총 15항, 15분)

주일마다 한 개 교리씩(셋째/넷째 교리는 함께) 읽게 되면 4
주에 한 번씩 도르트 신조를 읽게 됩니다. 1년 동안 반복하
면 도르트 신조 전체를 13번 통독하게 되는 셈입니다.

도르트 신조는 구원 교리를 집중해서 다룹니다. 죄와 비참 가운데 처한 사람의 상태와 성령 하나님의 효과적인 부르심, 하나님의 놀랍고 과분한 선택, 은혜 안에 끝까지 있을 수 있도록 지켜주시는 은혜, 그리스도의 위대한 속죄 이야기가 담겨 있습니다.

그래서 도르트 신조를 조용히 읊조리며 묵상한 후 기도하면 영혼이 겸손해집니다. 왜 제가 말씀을 들어야 하는지, 왜 제게 말씀이 필요한지 계속해서 생각하게 해줍니다.

예를 들어, 첫째 교리는 하나님의 선택과 유기에 관한 진술입니다. 그중 14항은 다음과 같은데요.

14항: 선택을 계속해서 가르쳐야 함

하나님의 지극히 지혜로우신 계획에 따라, 구약과 신약 시대에 선지자들과 사도들이, 누구보다 그리스도께서 직접 하나님의 선택 교리에 관한 이러한 가르침을 선포하셨다. 이어서 하나님께서는 이 가르침들이 성경에 기록되게 하셨다. 따라서 오늘날에도 이러한 가르침을 선포하도록 특별히 세우신 하나님의 교회 안에서, 신중하게, 경건하고 거룩한 방법으로 적절한 때와 장소에서 이 하나님의 선택 교리를 가르쳐야 한다. 이때 지극히 높으신 하나님의 생각과 일을 호기심 어린 마음으로 캐물으려는 태도로 해서는 안 된다. 우리는 이 하나님의 선택 교리를 하나님의 지극히 거룩한 이름에 영광을 돌리고, 하나님의 백성에게는 살아 있는 위로를 주기 위해 가르쳐야 한다.

이러한 신앙고백 조항들이 논리적으로 잘 연결되어 있어서 쭉 읽기만 해도 자연스럽게 하나님의 놀라우신 은혜, 놀라운 선택에 대해 계속 생각하게 됩니다.

그래서 이를 묵상하고, 이에 대해 기도한 후에, 교회에 가서 겸손해진 마음으로, 이 선택 교리를 하나님의 지극히 거룩한 이름에 영광을 돌리고, 하나님의 백성에게는 살아 있는 위로를 주기 위해 가르치는 교회에서 예배하게 되니 마음이 녹지 않을 수가 없습니다. 저 같은 죄인을 창세 전에 선택해 주신 하나님께 예배하지 않을 수 없는 것입니다.

이다음 주일은 둘째 교리로, 그리스도의 죽으심과 그 죽으심으로 말미암은 사람의 구속에 관한 내용을 다루는데, 마지막 9항이 다음과 같습니다.

9항: 하나님께서 세우신 계획의 성취

택하신 자들을 영원히 사랑하시기 때문에 세우신 하나님의 이 계획은 태초부터 지금까지 매우 힘 있게 이루어져 왔으며 앞으로도 매우 힘 있게 이루어질 것이다. 음부의 권세가 이 계획을 좌절시키려고 헛되이 애쓴다 할지라도 계속해서 이루어질 것이다. 결국, 때가 되면 택함 받은 사람들은 하나로 모이며, 그리스도의 피 위에 세워진 신자의 교회는 항상 있을 것이다. 이 교회는, 신랑이 자신의 신부를 위해 하듯, 십자가 위에서 자신의 교회를 위해 자기 목숨을 버리신 그들의 구주 그리스도를 늘 변함없이 사랑하고, 끊임없이 예배하며, 지금부터 영원히 찬양할 것이다.

아… 도르트 신조를 다 소개해드리지 못해서 너무 아쉬울 뿐입니다.

아무튼, 여러분께서도 주일 예배 전에, 토요일 저녁이든, 주일 아침이든, 여러분의 영혼의 밭을 은혜받기에 더 적합하도록 일구시기를 권합니다. 굳고 딱딱한 마음밭이라도, 하나님께서는 은혜의 교리를 묵상하고 기도하는 영혼에게 기다리셨다는 듯이 은혜의 비를 내려주실 것입니다.

도르트 신조가 아니라 다른 교리문답을 읽으셔도 좋습니다. 시편 119편을 읽으시는 분들도 계시고, 십계명을 읽으시는 분들 이야기도 들었습니다.

어떤 분은 주일마다 복음서를 하나씩 보셨는데, 한 달이면 네 복음서를 다 통독할 수 있다고, 생각보다 어려운 일이 아니라고, 그렇게 여러 달을 즐겁게 읽었다고 하셨습니다. 복음서를 이렇게 읽으면 예수님의 오심부터 죽으심과 부활까지 한 호흡에 읽게 되어 복음서 내용이 더 감동적으로 다가오고, 복음서 구조도 더 쉽게 이해되고 기억하게 된다고 합니다.

우리 영혼을 하나님의 말씀 앞에, 하나님의 은혜의 보좌 앞에 더 가까이 다가가게 할 수만 있다면 무엇이든 좋습니다.

혹, 그동안 적절하게 해오신 것이 없다면, 지금 딱히 특별하게 생각나는 것이 없다면, 도르트 신조로 시작해 보십시오. 후회하지 않으실 것입니다. 왜 이제야 이것을 알았을까 하며 놀라실지도 모릅니다.

도르트 신조는 받을 자격이 없는 자에게 베푸시는 하나님의 과분한 은혜를 생각하게 합니다. 저는 이 놀라운 진리를 더 알고 싶어서, 주일 아침을, 예배를, 하나님의 말씀을, 설교를 더욱 사모합니다.

20~30분 전에 교회 도착하기

주일 아침을 분주하게 시작하면 예배에 대한 마음이 약해

지기 쉽습니다. 특히 교회에 도착하자마자 예배를 드려야 하는 상황이라면, 예배를 위한 마음을 준비하기가 어렵게 됩니다.

주일 아침을 이른 시간에 시작하여 성경을 보고, 기도하고, 경건 서적을 읽을 수 있다면 정말 좋겠지만, 회사일로 인한 고단함이나, 어린 자녀들의 존재 때문에 그렇게 주일 아침을 시작하기가 순조롭지 않을 수 있습니다.

어떻게 시간을 잘 보낼 수 있을까요? 먼저 교회 가는 길에 보내는 시간을 알차게 보낼 수 있습니다. 자가용을 이용하든, 대중교통을 이용하든, 걸어서 교회까지 가든 가족끼리 지난주 주일 말씀을 떠올리며, 또는 그날 설교 본문을 생각하며 나눌 수 있습니다. 아니면 전날 밤이나 아침에 읽었던 성경, 신앙 서적의 내용으로, 또는 기도로 준비하면서 특별히 감동 받았던 마음을 나눌 수도 있습니다.

"어떻게 그렇게 할 수 있지?" 하고 생각하실 수도 있습니다. 하지만, 일단 시작해 보면, 그렇게 부담되거나 어려운 일이 아닙니다. 습관도 쉽게 잡힙니다. 나중에는 나누지 않는 것이 오히려 어색할지도 모릅니다.

예배 시작하기 20~30분 전에 교회에 도착하면 매우 좋습니다. 우선 다른 성도분들과 충분히 인사를 나눌 수 있습니다. 주보를 보면서 미리 그날 설교 본문을 한 번 더 읽거나, 부를 찬송을 작은 소리로 부를 수 있고, 무엇보다 충분한 기도로 예배를 위해 준비할 수 있기 때문입니다.

적어도 10~15분 전에는 도착해야 예배할 준비를 차분하게 할 수 있습니다. 교리문답 부분에서 살펴본 것처럼 충분히 준비된 태도로 예배하고, 말씀을 들으려면 최소한의 시간이 필요합니다.

따라서 너무 늦지 않게 교회에 도착할 수 있도록 시간 조절을 잘해야겠습니다. 예를 들어 아침을 먹은 후 시간을 봐서 시간이 어중간하면 아침 설거지를 뒤로 미루고 교회로 출발하는 것입니다. 기름이 없어서 교회 가는 길에 넣는 일이 없도록 주유를 미리 해 놓는 것도 필요할 수 있습니다. 우선순위가 예배가 되면 다른 것들을 자연스럽게 뒤로 미룰 수 있습니다. 물론 우리는 설거지나, 다른 가벼운 집안일이 예배보다 우선순위라고 생각하지는 않습니다. 그러나 조금만 아차 하면, 5분의 시간이 흘러가 버리고, 5분이라는 시간은 그날 예배를 준비하는 마음을 부드럽게 만드는 데 결정적인 시간이 될 수 있습니다.

설교 듣기 전 (또는 예배 전) 설교와
설교자를 위해 기도하기

또 나를 위하여 구할 것은 내게 말씀을 주사 나로 입을 열어 복음
의 비밀을 담대히 알리게 하옵소서 할 것이니_엡 6:19

설교자는 복음의 비밀을 알려주는 사역자입니다. 그의
입이 닫히면 우리는 복음의 비밀을 알 수 없습니다. 하나님
께서 그에게 말씀을 주셔서 그의 입을 열어 주셔야 설교자
는 복음의 비밀을 담대히 알릴 수 있습니다. 그래서 우리는
우리 믿음이, 우리 신앙이 설교자의 입에 전적으로 달려 있
다고 생각하고 설교자를 위해 기도해야 합니다.

하지만 어떻게 생각해보면, 이렇게 기도하는 것이 이기적
으로 보입니다. 순전히 우리 자신의 유익을 위해 기도하는
것 같아 보입니다.

그래서 우리는 설교자의 유익을 위해서도 기도해야 합니
다. 설교자가 설교할 내용을 누구보다 가장 사랑하는 사람
이 바로 설교자이기를 위해 기도하는 것입니다. 설교자의
설교를 통해 회심과 믿음의 성장이 일어나 설교자가 위로

받기를 위해서도 기도해야 합니다. 설교자가 복음의 비밀에 완전히 사로잡히길, 말씀이 주는 달콤함을 뜨겁게 맛보기를 위해서도 기도해야 합니다. 그리고 대상만 바꿔, 앉아 있는 성도 전체를 위해서도 그렇게 기도해야 할 것입니다.

또, 성령 하나님께 기도해야 합니다. 말씀이 우리에게 아무리 많이, 쉽게, 때에 따라 적절하게 주어져도 성령님께서 일하시지 않으면 우리는 결코 은혜를 누릴 수 없습니다. 우리를 깨닫게 하시는 분도, 우리가 말씀을 사랑하게 하시는 분도, 우리가 말씀에 순종하며 살게 하시는 분도 성령님뿐입니다. 성령님께서는 바로 이 일을 위해 우리 가운데 오신 분이십니다. 성령님께서 가장 중요하게 생각하시는 일이 바로 이것입니다. 성령님께서는 설교를 통해 우리가 그리스도를 알게 하시며, 설교를 통해 우리가 우리의 죄와 비참을 깨닫고 회개하게 하십니다.

성경을 기록하신 성령님께서는 당신의 말씀을 가지고 일하시기를 기뻐하시기에, 설교 없이 우리가 은혜받을 수 있는 길은 없다고 봐야 할 것입니다. 따라서 성령 하나님을 전적으로 의지하며, 간절히 기도해야 합니다.

우리는 또한 어느 한 말씀도 가벼이 여기지 않고 무겁게 여기게 해달라고 기도해야 합니다. 우리 생각으로 말씀을 재단하지 않게끔, 이 진리의 말씀을 기쁘게 받아들일 수 있게끔 우리의 마음을 열어달라고, 겸손하게 듣게 해달라고 기도해야 합니다.

설교자가 전하는 설교 말씀 가운데 어느 것도 우리가 흘려버리는 일이 없도록, 우리 귀에 부딪혀 땅에 떨어지는 일이 없도록 기도해야 합니다.

아직 회심하지 않은 사람들은 말씀을 듣고 회심하게 해달라고 기도하고, 회심한 사람들은 더욱 거룩하고 경건하게 사는 삶을 소망하며 기도합니다.

무엇보다 삼위 하나님만이 드러나시고, 삼위 하나님만이 예배받으시기를 위해서 기도합니다.

교회 어린 자녀들이 말씀을 잘 이해하고 깨닫고, 어린 나이에 거듭나, 어렸을 때부터 여호와를 경외하도록, 청년의 때에 하나님 앞에서 사는 삶을 살기를 위해서도 기도합니다.

기도할 내용이 적지 않기 때문에 예배 전 5~10분 정도의 기도 시간이 확보되면 좋습니다. 물론 주일 아침 일찍 충분히 기도 시간을 가질 수도 있을 것입니다. 중요한 것은 충분한 기도의 시간을 확보해서, 필요한 기도를 충분히 하는 것입니다.

우리가 간절한 마음으로, 사랑하는 마음으로 예배와 설

교를 위해 기도하면, 하나님께서는 더욱 기쁘게 우리에게 은혜를 베풀어 주실 것입니다. 이렇게 원하고 바라고 소망하는데 하나님께서 은혜를 베풀어 주지 않으신다면 이상한 일일 것입니다. 그런 일은 없습니다. 하나님께서는 당신을 찾는 자를 기뻐하시는 분이기 때문입니다.

경건한 설교자가 일주일 내내(또는 그 이상) 간절히 기도하며 치열하게 준비한 설교는, 하나님께서 설교를 전하는 자와 듣는 자 모두에게 베푸실 은혜를 기대하며 준비한 바로 그 설교는, 이런 기도들을 통해 더욱 효과적인 열매를 맺습니다. 복음에 대한 확신, 죄를 깨달음 그리고 죄를 미워함, 놀라운 하나님의 사랑, 과분한 은혜, 말씀을 즐거워함과 같은 놀라운 일들이 불일 듯 일어납니다.

설교 듣기

만약 우리가 주일에 공예배에 참석하고, 설교를 듣는 이유가 찝찝해서라면 그것은 신앙이 아닙니다. 왠지 벌 받을까 봐 눈도장을 찍는 거라면 그것은 정말이지 신앙이 아닙니다.

우리는 언제 은혜를 구하게 됩니까? 우리는 언제 하나님을 바라보게 됩니까? 우리가 언제 하나님의 말씀을 듣게 됩니까? 설교를 들을 때입니다!

우리가 언제 주님의 영광을 맛보고, 갈망하게 됩니까? 우리가 언제 자기를 부인하고, 자기 십자가를 지는 일에 대해 생각합니까?

우리가 언제 우리를 위해 죽으셨다가 사신 분을 생각하며, 죄에 대하여는 점점 더 죽고, 의에 대하여는 점점 더 살기를 소망합니까? 설교를 들을 때 아닌가요?

언제 기도하고 싶어집니까? 언제 하나님을 더 알고 싶어집니까? 언제 이 세상에서 떠나, 무가치하고 헛된 것들에서 떠나, 죽으나 사나 주님과 함께 있기를 원하게 됩니까?

설교를 들을 때입니다.

우리는 누구나 상대방이 우리 말에 귀 기울여 주길 원합니다. 우리가 좋아하고 사랑하는 대상일수록, 우리가 이야기하고자 하는 내용이 가치 있을수록 더욱 그러합니다.

하나님께서도 마찬가지입니다. 때로는 단순하게 생각하는 것도 필요해 보입니다.

하나님께서는 우리를 사랑하십니다. 그래서 하나님께서는 우리에게 당신을 알리기를 기뻐하십니다. 게다가 하나님께서 전하고자 하시는 말씀은 모두 무한하고 거룩하고 진실하고 선하고 영원한 가치를 지닌 말씀입니다. 그리스도의 신부인 우리는 달콤한 신랑의 음성을 기뻐하고, 그의 말을 하나도 빼놓지 않고 마음에 담습니다.

이것이 그러한가 하여 날마다 성경을 상고하기

> 베뢰아에 있는 사람들은 데살로니가에 있는 사람들보다 더 너그
> 러워서 간절한 마음으로 말씀을 받고 이것이 그러한가 하여 날마
> 다 성경을 상고하므로_행 17:11

교리문답에서 살펴본 것처럼 우리는 설교가 하나님의 말씀에 충실한지를 먼저 살펴야 합니다. 어떤 분은 이런 이야기에 놀라실지도 모르겠습니다.

"목사님이 하신 말씀이 틀렸다고? 아니, 설교를 판단한다고? 설교야 설교. 어떻게 토를 달 수 있지?"

하지만 우리가 설교자를 지나치게 의지하고 맹목적으로 신뢰할 때, 설교자를 타락시킬 토대를 만드는 것은 바로 우리 성도들이 될 수 있습니다. 설교자는 사랑하고 존경해야 할 대상이지만, 숭배해야 할 대상은 아닙니다. 설교자는 완

전하지 않습니다. 설교자는 하나님이 아닙니다.

광교장로교회 목사님들은 종종 이 사실을 성도들에게 일 깨웁니다. 또, 이전 주 설교 중 잘못 전달한 내용이 있으면 그다음 주에 설교 시간을 통해서든, 광고를 통해서든 정정 하고 사과합니다. 성도들은 한편으로는 목사님의 과분한 태 도에 부담을 느끼면서도, 한편으로는 그래서 더욱 목사님 을 신뢰하고 사랑하며 존경합니다. 더 기쁜 마음으로 순종 합니다.

광교장로교회만이 아니라 그런 교회들을, 그런 목사님들 을 많이 알고 있는데, 그분들은 설교 내용을 정정하는 것에 대해 부끄러워하지 않습니다. 오히려 정정해야 할 내용을 명예 때문에 덮어두려 할까 봐 스스로 경계하는 일에 마음 을 쏟습니다.

그런 경건한 목사의 목양을 받는 경건한 성도들도 목사 들의 그러한 태도가 그들에 대한 신뢰나 권위를 떨어뜨리는 것이 아님을 잘 압니다. 오히려 성도들은 그런 목사들의 권 위를 더욱 인정하고 높입니다. 권위는 말씀에서, 말씀을 사 랑하고 그리스도만을 높이는 데서 나오기 때문입니다.

사랑하는 자들아 영을 다 믿지 말고 오직 영들이 하나님께 속하

였나 분별하라 많은 거짓 선지자가 세상에 나왔음이라_요일 4:1

말씀을 분별하는 것은 우리의 생각과는 달리 성경이 명령하는 것입니다. 더 나아가 분별하는 신자야말로 성숙한 신자라고 말합니다.

단단한 음식은 장성한 자의 것이니 그들은 지각을 사용함으로 연단을 받아 선악을 분별하는 자들이니라_히 5:14

하지만, 설교를 들을 때마다 우리가 말씀 분별감지기를 작동시킬 수 있을까요? 그렇게 해야만 할까요? 모든 사람이 설교를 들을 때마다 분별하기 위해 의무감으로, 지나친 태도로 설교를 듣는다면 설교를 들으면서 받게 되는 은혜와 유익이 많이 줄어들 것입니다.

다행히도 우리는 그렇게까지 하지 않아도 됩니다.

먼저, 하나님께서는 이를 위해 장로 직분을 주셨습니다. 장로는 성도들이 들은 말씀에 따라 잘 사는지를 지도하고 돕는 직분자입니다. 또한, 목사가 말씀을 성경에 충실하게 전하는지 옆에서 지켜보는 역할도 행합니다. 건강한 교회에서, 장로들이 바로 세워졌다면, 일반 성도들이 이런 일에 과

할 정도로 마음을 쏟지 않아도 되게끔 장로들이 역할을 할 것입니다.

광교장교회에도 이를 위해 두 분의 장로님이 계시는데, 목사님들도 성도들도 이런 일을 행하시는 장로님들을 즐거워합니다. 그분들을 존경하며 따릅니다.

성숙한 성도들이 많은 교회에서는 성숙한 성도들이 장로들의 역할을 제한적이나마 자연스럽게 하기도 합니다. 성숙한 성도들이 목사님과 장로님에게 설교와 교회 행정에 관해 자주 질문하고, 의견을 구하고, 제안함으로써 목회자와 성도들이 함께 성경을 상고하게 되는 것입니다.

아직 분별이 어려우신 분들은 자연스럽게 궁금한 것, 의문이 생기는 것을 질문하는 형식으로 교회를 섬길 수 있습니다.

무엇보다 바르고 건강한 설교 자체가 우리를 분별하게 해줍니다. 설교를 통해 하나님의 뜻과 성경적인 가르침이 무엇인지를 계속해서 듣고 배우고 깨닫게 되면 자연스레 분별의 지혜가 생깁니다. 의식적으로 애쓰지 않아도 성경에 일치하는 가르침에 대해서는 거리낌 없이 마음이 기울고, 성경에 일치하지 않은 가르침에 대해서는 불편해지게 되는 것입니다.

끊임없이 성경을 공부하고, 바른 성경해석방법을 가르쳐

주는 책을 비롯해 좋은 신앙 서적들을 꾸준히 읽는 것도 우리가 말씀을 바르게 분별하는 데 큰 도움이 됩니다.

경건하고 성숙한 성도들과 나누는 대화들도 유익이 많습니다.

사람의 말이 아니라 하나님의 말씀으로 받기

이러므로 우리가 하나님께 끊임없이 감사함은 너희가 우리에게 들은바 하나님의 말씀을 받을 때에 사람의 말로 받지 아니하고 하나님의 말씀으로 받음이니 진실로 그러하도다 이 말씀이 또한 너희 믿는 자 가운데에서 역사하느니라_살전 2:13

우리는 앞서 우리가 분별하는 일 자체가 궁극적인 목적이 아님을 살펴보았습니다. 분별은 우리가 거리낌 없이, 전적으로 설교를 하나님의 말씀으로 받기 위한 단계일 뿐입니다. 우리는 선포된 말씀을 성경에 근거하여 검토한 후 성경에 일치하면 즉시, 전적으로 그 설교를 하나님의 말씀으로 받아야 합니다. 설교는 하나님의 말씀에 일치하고 충실할 때, 하나님의 말씀 그 자체가 되기 때문입니다.

따라서 이제 설교에 마음을 쏟지 않고, 설교에 귀 기울이지 않고, 설교를 즐거워하지 않으면, 이는 곧 하나님께 대한 모욕이 됩니다. 설교가 하나님을 알도록 가르쳐주는데도 알기를 게을리하고, 설교가 죄를 드러내는데도 영혼을 돌아보지 않고, 설교가 은혜와 거룩한 삶을 이야기하며 달음박질을 명령하는데도 그렇게까지는 하고 싶지 않다며 거부하는 것은 하나님의 말씀을 거부하는 것이 됩니다. 곧 하나님을 거절하는 것과 같습니다.

우리는 믿음과 사랑과 온유함과 간절한 마음으로 설교를 하나님의 말씀으로 받아들여야 합니다. 우리는 설교가 의심 없이 하나님의 말씀임을 믿어야 합니다. 우리 신앙과 삶에 대해 권위를 가짐을 기쁘게 시인해야 합니다. 우리는 설교를 사랑해야 합니다. 설교가 가르치고 교훈하고 책망하고 드러내는 모든 것을 마음 깊이 사랑해야 합니다. 우리는 온유하고 겸손한 마음으로, 낮은 마음으로, 가난한 마음으로, 경외심을 가지고 설교를 받아야 합니다. 우리는 간절하고 갈급한 마음으로 설교를 하나님의 말씀으로 받아들여야 합니다.

믿는 자 가운데서 살아 움직이는 설교

또한, 사도는 성도가 하나님의 말씀으로 받은 그 설교 말씀이 믿는 자 가운데서 살아 움직인다고 가르칩니다.

우리가 설교를 하나님의 말씀으로 받을 때 설교가 어떻게 우리 안에서 살아 움직이게 될까요?

설교는 우리가 죄를 깨닫게 해주고, 우리를 겸손하게 합니다. 의에 대해 갈급하게 합니다. 책망하시는 성령님께 거룩을 위해 도움을 구하고, 연약한 우리 영혼을 위로하시는 성령님의 은혜를 받아들이게 합니다.

설교는 우리 안에 믿음을 일으키고, 믿음의 대상과 내용을 알려줍니다. 하나님께서 얼마나 거룩하고 위대하신지, 그리스도께서 얼마나 뛰어나신지를 깨닫게 해줍니다. 복음의 비밀과, 사랑스러운 교리들을 마음 다해 사랑하게 해줍니다.

설교는 병든 우리를 고치고, 연약한 우리에게 힘을 줍니다. 설교는 우리를 환난과 위험에서 지키고 보호하며 건져 냅니다.

그가 그의 말씀을 보내어 그들을 고치시고 위험한 지경에서 건지 시는도다_시 107:20

필기하고 정리하기

필기할 시간조차 아껴서, 말씀을 더 집중해서 듣는 것이 낫다는 말이 있습니다. 일리가 있지만, 그럼에도 예부터 많은 교회에서는 성도들이 설교를 들으면서 간단히 필기하도록 권면해왔습니다. 이는 필기가 설교를 더 집중해서 듣게 해주고, 더 오래도록 기억하는 데 큰 도움이 되기 때문입니다.

그래서 성숙한 성도들은 설교를 들으며 자주 필기합니다. 감동한 내용, 새롭게 깨달은 내용, 알고 있었으나 이해가 더 정확해지고 커진 내용, 더 확신하게 된 내용, 회개해야 할 내용, 다짐하고, 결단하고, 더 간절히 소망하게 된 내용들을 적습니다. 적는 행위 그 자체를 통해서 마음이 더욱 움직이기도 하지만, 나중에 집에 가서 개인묵상할 때와 가정 경건회로 모여 함께 나눌 때 필기한 내용은 더욱 빛을 발합니다. 깨달은 것들과, 배운 것들과, 회개할 것들과, 결단한 내용을 더 구체적으로 정리하기 때문입니다.

성숙한 성도들은 필기한 내용을 가지고 한 주를 살아갑니다. 수시로 꺼내서 설교를 생각하고, 마음을 새롭게 하고, 다짐한 것들을 실천하려 노력합니다. 계속해서 감사하기를 소망하고, 하나님을 더 알고 사랑하기를 위해 애씁니다. 그러다 보면 설교를 사랑하고, 설교에 순종하려 한 그 지식과

정서와 의지가 그 사람의 영혼에 새겨집니다.

중학생 정도 되면 필기하는 데 큰 어려움이 없습니다만, 초등학생 아이들에게는 설교의 내용을 이해하려 따라가는 것도 버거울 때가 많습니다. (광교장로교회는 온 성도가 함께 예배하고 있습니다) 그래서 광교장로교회에서는 예배 전에 미리 설교문을 몇 부 출력하여 초등학생 자녀들이 도움을 얻게 하고 있습니다. 될 수 있으면 설교자의 눈을 보며 설교를 듣되, 어려운 표현이나 내용이 나올 때, 또 정리가 필요하다고 느낄 때는 설교문에 줄도 치고, 간략하게 필기도 하면서 내용을 따라가도록 장려하는 것입니다. 이는 초신자분들에게도 도움이 되리라 생각합니다.

완성된 설교문이 없다면, 설교 개요라도 미리 알려줄 수 있을 것입니다. 개요만 알 수 있어도 성도들은 설교에 더 집중할 수 있지 않을까 생각합니다.

광교장로교회 자녀들은 설교를 들으면서 필기한 내용을 집에서 가정 예배시간에, 또는 집으로 돌아가는 길에 부모님과 함께 나눕니다. 온 성도가 함께 같은 설교를 들었기 때문에 부모는 아이들이 얼마나 잘 이해했나, 무엇을 놓쳤나, 어떤 면을 도와줘야 하나를 즉시 알 수 있습니다. 그래서 필요와 상황에 따라 이해하지 못한 것을 설명해주고, 무엇보다 나눈 주제와 내용을 가지고 함께 지속해서 기도함으로 부모는 자녀를 이끌고 또 섬깁니다. 자녀들은 부모의 지도와 본을 따라 신앙을 배워나갑니다.

광교장로교회 성도들은 설교를 즐겁게 듣습니다. 우리는 설교를 하나님의 말씀으로 받습니다. 성경에 충실하기에 더욱 무겁게 받습니다. 설교하는 목사님 두 분과 신학 교수님도, 설교를 듣는 성도님들도 모두 설교를 가장 중요하게 여깁니다. 설교에 가장 마음을 쏟습니다.

코로나19 바이러스로 말미암은 팬데믹 상황 가운데서도 방문자가 있고, 회원이 늘고 있는데, 회원으로 등록하는 사람들 모두가 바르고 성경에 충실한 말씀 선포를 교회 선택의 제일 중요한 이유로 삼는다는 것에 우리는 모두 감사할 뿐입니다.

사탄은 수단과 방법을 가리지 않고 우리를 말씀에서 멀어지게 하려 합니다. 특히 설교와 관련해서는 더욱 그렇습니다. 왜냐하면, 설교는 사람을 회심시키고, 믿음을 강하게 하며, 죄에 대해 깨닫게 하고, 하나님을 더욱 사랑하게 하며, 율법에 순종하게 하기 때문입니다.

이 모든 일은 사탄이 극도로 싫어하는 일입니다. 사탄은 정확히 이 모든 일과 반대되는 일을 사랑하기 때문입니다.

그래서 우리는 말씀을 사랑합니다. 설교를 사랑합니다. 사탄이 가장 싫어하는 일이기에, 우리는 이 일을 가장 사랑합니다.

설교 들을 때의 태도와 자세

제가 어렸을 때 제 아버지께서는 모 대학병원 병원선교회에서 섬기셨습니다. 수요일마다 병원에 있는 환자들이 함께 모여 예배했는데, 그곳에서 안내도 하시고, 헌금위원도 하시고, 이런저런 봉사를 맡아서 하셨습니다.

하루는 저도 그곳 예배 모임에 참석하게 됐습니다. 예배가 시작되고 얼마 후 대표기도를 하는 시간이 되었는데, 인도하시는 목사님께서 서울에 있는 큰 교회에서 이곳에 섬기러 오신 귀한 집사님 한 분이 대표로 기도해주시겠다고 말씀하셨습니다. 잠시 후 중년으로 보이는 한 사람이 일어났는데, 저는 저도 모르게 눈살을 찌푸렸습니다. 왜냐하면, 그분은 예배 시작 전부터 기도하러 일어나기 전까지, 등은 의자에 기대고 엉덩이는 의자 앞쪽에 살짝 걸친 채 내내 팔짱을 끼고 다리를 꼬고 있었기 때문입니다.

저는 그날 그분의 기도는 물론이요, 설교가 귀에 하나도 들어오지 않았습니다. 예배시간 내내, 우리가 하나님께 예배하면서 어떤 태도와 자세를 지녀야 하는가를 생각하면서 두려운 마음으로 시간을 보내야만 했습니다.

우리 몸으로 표현되는 자세와 태도는 우리 마음이 어떠한가를 보여줍니다.

팔짱을 끼거나 다리를 꼬는 것은 우리가 대통령이나 왕을 만나는 자리를 생각해봐도 쉽게 할 수 있는 일이 아닙니다. 매우 무례한 일이 될 수 있습니다.

하물며 하나님을 만나고, 하나님 말씀을 듣고, 하나님을 찬양하는 예배 자리에서 팔짱을 끼고, 다리를 꼬고, 엉덩이를 앞으로 쑥 내민 채 등을 의자에 기대어 앉는 태도와 자세는 좋아 보이지 않습니다. 일어서서 찬양할 때 주머니에 손을 넣는다거나, 짝다리를 짚는 태도도 얼굴을 찌푸리게 합니다.

다리를 꼬는 것은 습관일 수도 있습니다. 하지만 우리는 마음을 따라 태도가 나오기도 하지만, 특정한 태도에 우리의 마음도 영향을 받을 수 있음을 잊지 말아야 합니다. 우리는 아무 생각 없이 취한 자세이지만, 그 자세로 말미암아 우리가 겸손하고 낮은 마음에서 멀어질 수 있습니다.

또 우리 딴에는 무례함과는 전혀 상관없는, 그냥 우리에게 편한 자세라고 생각할 수도 있습니다. 하지만, 우리는 함께 예배하는 지체들의 양심도 배려해야 합니다. 특히 믿음이 연약한 자들이 우리 때문에 걸려 넘어지는 일이 없도록 해야 합니다.

우리 부모님이 어떤 젊은 사람과 매우 진지한 이야기를 하고 계시는데, 그 젊은 사람이 배를 내민 채 다리를 꼬고 앉아서 부모님과 대화한다면 기분이 어떨까요? 예의 없다는, 건방져 보인다는 생각이 들지 않을까요?

부모는 자녀들의 교육을 위해서, 직분자들은 다른 성도들을 섬기는 마음으로 더 살피고 조심해야겠습니다. 초신자들은 아무런 비판 없이 배울 수 있고, 믿음이 연약한 성도들은 넘어질 수도 있습니다.

사실 더 중요한 것은 마음의 태도입니다.

우리는 어린 자녀들이 가만히 있지 못하고 좀 쑤셔 하는 것을 못마땅해합니다. 정작 우리는 딴생각을 많이 하면서 말입니다. 우리의 마음은 그보다 더 좀 쑤셔 하는데 말입니다.

자녀들은 부모가 어떤 마음의 태도로 예배하는지 지켜봅니다. 부모가 목소리 높여 찬양하고, 간절한 마음으로 기도하고, 뭐하나 놓칠세라 집중하여 설교 듣는 것을 보는 자녀들은 부모의 신앙을 자기들의 신앙의 최소 목표와 기준으로 삼습니다.

하지만, 몸은 예배당에 있지만, 마음은 먼, 간절한 마음이 없는 태도로 앉아 있는 부모를 보고 자라는 아이들은 자연스럽게 신앙에서 멀어집니다.

설교가 주는 유익

설교를 꾸준히 잘 들으면, 성경해석에 관해 따로 배우지 않아도 성경해석에 관한 기본 지식을 자연스럽게 배우게 됩니다. 특히 교회가 강해설교와 주제설교를 적절히 섞어서 설교하면 성경 전체에 대한 균형 잡힌 시각을 얻기가 더욱 쉽습니다.

또 앞에서 나눈 것처럼 분별력도 배우게 됩니다.

설교를 잘 듣고, 설교를 자기 것으로 만들기 위해 더 공부하고, 묵상하고, 기도하는 것, 이 자체가 경건입니다. 설교는 경건을 계속해서, 점점 더 탄탄히 추구하게 합니다.

하나님 말씀을 사랑함

무엇보다, 하나님의 말씀을 지고지순하게 사랑하게 됩니다. 성경에 따르면, 하나님을 사랑한다는 말과 하나님의 말씀을 사랑한다는 말은 같은데, 시편 119편은 이에 관해 다양한 표현으로 노래합니다.

2 여호와의 증거들을 지키고 전심으로 여호와를 구하는 자는 복이 있도다
10 내가 전심으로 주를 찾았사오니 주의 계명에서 떠나지 말게 하소서
16 주의 율례들을 즐거워하며 주의 말씀을 잊지 아니하리이다
24 주의 증거들은 나의 즐거움이요 나의 충고자니이다
34 나로 하여금 깨닫게 하소서 내가 주의 법을 준행하며 전심으로 지키리이다
36 내 마음을 주의 증거들에게 향하게 하시고 탐욕으로 향하지 말게 하소서
38 주를 경외하게 하는 주의 말씀을 주의 종에게 세우소서
43 진리의 말씀이 내 입에서 조금도 떠나지 말게 하소서 내가 주의 규례를 바랐음이니이다
44 내가 주의 율법을 항상 지키리이다 영원히 지키리이다

47 내가 사랑하는 주의 계명들을 스스로 즐거워하며

50 이 말씀은 나의 고난 중의 위로라 주의 말씀이 나를 살리셨기 때문이니이다

67 고난 당하기 전에는 내가 그릇 행하였더니 이제는 주의 말씀을 지키나이다

72 주의 입의 법이 내게는 천천 금은보다 좋으니이다

80 내 마음으로 주의 율례들에 완전하게 하사 내가 수치를 당하지 아니하게 하소서

81 나의 영혼이 주의 구원을 사모하기에 피곤하오나 나는 주의 말씀을 바라나이다

92 주의 법이 나의 즐거움이 되지 아니하였더면 내가 내 고난 중에 멸망하였으리이다

97 내가 주의 법을 어찌 그리 사랑하는지요 내가 그것을 종일 작은 소리로 읊조리나이다

101 내가 주의 말씀을 지키려고 발을 금하여 모든 악한 길로 가지 아니하였사오며

103 주의 말씀의 맛이 내게 어찌 그리 단지요 내 입에 꿀보다 더 다니이다

113 내가 두 마음 품는 자들을 미워하고 주의 법을 사랑하나이다

123 내 눈이 주의 구원과 주의 의로운 말씀을 사모하기에 피곤하

니이다

131 내가 주의 계명들을 사모하므로 내가 입을 열고 헐떡였나이다

147 내가 날이 밝기 전에 부르짖으며 주의 말씀을 바랐사오며

148 주의 말씀을 조용히 읊조리려고 내가 새벽녘에 눈을 떴나이다

159 내가 주의 법도들을 사랑함을 보옵소서 여호와여 주의 인자하심을 따라 나를 살리소서

162 사람이 많은 탈취물을 얻은 것처럼 나는 주의 말씀을 즐거워하나이다

174 여호와여 내가 주의 구원을 사모하였사오며 주의 율법을 즐거워하나이다

이처럼 말씀을 사랑하는 것과 하나님을 사랑하는 것은 같습니다.

더하여 이 성경 구절들은 말씀을 사랑함과 동시에, 또는 말씀을 사랑함으로 받게 되는 다양하고 풍성한 유익들에 대해서도 선포하고 있습니다.

하나님의 말씀이 지닌 탁월한 달콤함을 맛보게 됩니다.

찬양하고 감사하게 됩니다.

은혜를 더욱 사모하게 됩니다.

죄를 점점 더 싫어하게 됩니다.

말씀에 순종하게 됩니다.

그리고 이 모두는 결국 말씀을 더 사랑하게 해줍니다.

네, 물론 개인 성경 읽기나 묵상, 성경공부를 통해, 동료 그리스도인들과 대화를 통해, 경건한 책을 읽음으로써도 가능합니다. 그러나 하나님께서는 무엇보다 설교를 사용하시고, 설교를 높이십니다.

다음 이야기로 넘어가기 전에 여러분께 두 권의 책을 추천해 드리고자 합니다. 두 권 다 시편 119편을 설교한 책입니다.

한 권은 장 칼뱅의 강해설교집입니다. 『칼뱅의 시편 119편 설교』라는 제목으로 CLC에서 출간했습니다. 다른 한 권은 찰스 브리지스가 설교하고 주해를 단 『시편 119: 말씀 사모하여 헐떡이는 사람』입니다. 이 책은 청교도신앙사에서 출간했습니다.

아시다시피 시편 119편은 성경에서 가장 많은 절로 이루어진 장입니다. 그래서 두 권 다 두께가 꽤 됩니다. 하지만 절마다 묵상할 내용이 매우 풍부하기 때문에도 한꺼번에 보기보다는 매일 한 절씩 읽고, 이 책들의 도움을 받아 묵상하시는 것을 권합니다. 119편이 176절로 되어 있으므로 두 권을 차례대로 보면 거의 1년이라는 시간에 걸쳐 즐거운 시간을 보낼 수 있습니다. 하나님 말씀의 달콤함과 사랑스러움에 푹 빠져 보십시오.

설교 뿌리내리기

마태복음과 야고보서는 그 사람이 참신자인지 아닌지, 그 사람의 신앙이 살아 있는 신앙인지 아닌지는 "열매로 알 수 있다"고 선포합니다.

> 너희는 말씀을 행하는 자가 되고 듣기만 하여 자신을 속이는 자가 되지 말라 누구든지 말씀을 듣고 행하지 아니하면 그는 거울로 자기의 생긴 얼굴을 보는 사람과 같아서 제 자신을 보고 가서 그 모습이 어떠했는지를 곧 잊어버리거니와 자유롭게 하는 온전한 율법을 들여다보고 있는 자는 듣고 잊어버리는 자가 아니요 실천하는 자니 이 사람은 그 행하는 일에 복을 받으리라_약 1:22-25

좋은 말씀을 듣지만, 말씀이 우리 것이 되도록 노력하지 않는다면, 말씀에 순종하고 말씀을 실천하는 일에 게으르다면 말씀은 우리와 큰 관련이 없을 수도 있습니다. 따라서 우리 마음이 돌밭이나 가시떨기가 되지 않도록 대단히 주의해야 합니다. 설교가 가장 강력한 은혜의 수단이라는 의미를 생각해봐도, 이 은혜의 수단이 효과적이지 않을 때 우리가 거듭나고 믿음이 자라는 일이 대단히 어렵다는 것을 말해주기 때문입니다.

이를 위해 우리는 들은 말씀을 잘 간직하는 일부터 해야 합니다.

예배 전후로 세속적인 이야기 하지 않기

먼저 공예배 직전과 직후에 하지 말아야 할 것들이 있습니다.

지난밤에 본 정치평론 이야기, 스포츠 이야기, 드라마 이야기, 게임 이야기 등입니다. 그런 이야기를 나누면, 예배에 집중하는 데 방해가 됩니다. 예배시간에, 특히 설교 시간에 자꾸 떠오릅니다. 그래서 저는 토요일 밤에는 아예 TV를 끄는 것을 권합니다. 입력이 없으면 출력도 없기 때문입니다.

예배 후도 마찬가지입니다. 예배 직후 세속적인 이야기를 나누게 되면, 우리 마음에 뿌리내려야 할 설교 말씀이 뿌리를 깊게 내리지 못하고 사라져 버리기가 대단히 쉽습니다.

들은 말씀을 최대한 빨리 나누기

예전에 큰 충격으로 다가왔던 설문 조사가 기억납니다. 시간이 지났지만, 오늘날에도 크게 다르진 않을 것 같습니다. 설문 조사가 가리키는 내용은 많은 그리스도인이 예배가 끝나자마자 그날 설교 제목과 본문을 잊는다는 것이었습니다. 정확한 수치는 기억나지 않지만, 50% 이상의 사람들이 그랬던 것 같습니다. 아직 남았습니다. 집에 가는 길에 설교를 기억 못 하는 사람이 더 늘어납니다. 아직 더 남았습니다. 월요일이 되면 거의 모든 그리스도인이 설교를 잊습니다!

그러므로 우리는 들은 것에 더욱 유념함으로 우리가 흘러 떠내려가지 않도록 함이 마땅하니라_히 2:1

따라서 설교가 사라지기 전에 되도록 빨리 붙잡아야 합니다. 계속해서 붙잡아야 합니다.

구체적으로 살펴보겠습니다.

가족과 함께 나누기

설교를 간절한 마음으로 들었다면, 때때로 필기도 하면

서 말씀을 들었다면, 사실 설교를 그렇게 단시간에 잊기가 오히려 어렵습니다.

제 생각에는 교회에서 집으로 돌아오는 길에, 아니면 집에 도착하자마자 가족들과 설교를 나누는 것이 가장 좋은 방법입니다. 설교를 들은 감동이나 깨달은 배움이 아직 마음속에 따뜻하게 남아 있을 때 나눠야 기억도 더 오래되고, 나눔도 더 뜨겁게 할 수 있으니까요.

만약 어린 자녀가 없다면 걸어서든, 차 안에서든 집으로 돌아오는 길에 충분히 나눌 수 있을 것입니다. 부부끼리 나누든, 부모와 청소년 이상의 자녀가 함께 나누든 서로 이야기하고 질문하면서 설교 말씀을 정리하고 감동도 나누고 다짐도 함께 할 수 있습니다. 다만 나누면서 더 느끼거나 깨닫게 되거나 더 다짐하게 된 것들을 바로 필기할 수 없다는 것이 조금 걸립니다. 물론 도착해서 필기할 수 있으니 크게 문제 될 것은 없지만요.

혹시 이런 나눔이 좋아 보이기는 하지만 어색하게 느껴지시나요? 괜찮습니다. 많이 안 해 본 것은 어색할 수밖에 없습니다. 몇 번만 하면 금방 자연스러워집니다. 만족도가 높으므로 시간이 지날수록 나눔이 풍성해질 것입니다.

어린 자녀가 있는 가정은 집에 도착해서 나누셔야겠지

요. 차분한 분위기 속에서 나누는 것이 더 좋으신 분들도 집에서 나누시겠네요. 저희 가정은 차 안에서 조금 나누고, 집에 와서는 가정 예배를 드리며 설교를 나눕니다.

가정 예배(또는 가정 경건회)를 드리면서 해도 되고, 그냥 말씀만 나누어도 좋습니다. 중요한 것은 함께 나누고, 함께 마음에 담고, 함께 기도하는 것이니까요.

나눌 때, 그냥 "나눠 봅시다." 하면 특히 어린 자녀들 입장에서는 무엇을 어디서부터 어떻게 나눠야 할지 답답하고 어려움을 느끼기가 쉽습니다. 어린 자녀들에게는, "예수님께서 어디에 가셔서 누굴 만나셨지?", "무엇을 하셨지?" 하고 구체적으로 질문함으로써 아이들이 구체적으로 생각하고 정리하고 말할 수 있게 하는 것이 좋습니다. 초등학교 고학년 이상의 아이들은 스스로 설교를 잘 요약하고, 중심 내용도 곧잘 파악할 수 있으니 많이 격려하고 칭찬해 주십시오. 아이들은 신이 나서 앞으로도 즐거움으로 설교를 듣고 나눌 것입니다.

"그래, 아빠도 서준이처럼 생각했어."

"방금 하영이가 아주 정확하게 말해줬어."

"민하가 말한 거 지금 엄마도 말하려고 했는데."와 같은 말들은 아이들에게 큰 용기를 주고, 나눔 시간을 즐거워하게 합니다.

동료 신자들과 나누기

동료 신자들과 나누는 것도 매우 좋은 방법입니다. 아니, 당연히 나눠야 합니다. 우리는 한 교회를 이루고 있는 가족이요, 공동체이기 때문입니다.

철이 철을 날카롭게 하는 것 같이 사람이 그의 친구의 얼굴을 빛 나게 하느니라_잠 27:17

한 말씀을 들은 성도들끼리의 나눔은 철이 철을 날카롭게 하는 것 같이 서로의 얼굴을, 서로의 신앙을, 서로의 삶을 빛나게 할 수 있습니다.

마음만 있으면, 서로 조금만 노력하면 매우 깊고 풍요로운 나눔이 가능한 것이 동료 성도들과의 교제입니다. 주일이든, 평일이든 소그룹으로 만나서 교제를 나눌 수도 있겠지만, 주일 예배 후 점심 먹으면서, 또 평소에 따로 연락을 주고받으면서 자연스럽게 설교를 중심으로 교제하는 삶을 함께 산다면, 성도들 개인에게도 교회 전체 공동체에도 큰 복이 될 것입니다.

광교장로교회는 주일 예배 후 점심시간에 함께 밥 먹으면서 그날 설교를 중심으로 교제하기를 적극적으로 권장합니다. 간단한 안부를 나누고 나서는 들은 말씀을 가지고 함께 권하고 위로하면서 말씀 안에서 자라가도록 말입니다. 그 시간은 동료 신자들이 설교를 함께 나누기에 가장 좋은 시간입니다. 막 지은 밥이 맛나서 어떤 반찬과 먹어도 맛있는 것처럼, 방금 들은 설교를 가지고 나누면 어떻게 나누든 풍성한 교제가 된다고 하면 너무 과장일까요? 하지만 정말 그렇습니다. 이미 충분히 경험하신 분들은 다 아실 것입니다.

주중에 할 수 있는 일 – 설교문 읽기

광교장로교회의 많은 가정은 설교문을 주중에도 여러 차례 보거나, 설교 음성 파일을 듣습니다. 어떤 분들은 매일 출퇴근하면서 설교를 듣습니다. 어떤 분들은 청소하면서, 어떤 분들은 설거지하면서라도 주일 설교를 다시 들으려고 노력합니다. 주일 설교를 다시 들으며 받았던 깨달음과 감동을 다시 생각하고, 하나님 앞에서 어떻게 살아야 할지에 대한 고민을 끊이지 않고 계속합니다.

어떤 분들은 설교문을 매일 읽습니다. 읽는 것이 듣는 것보다 시간이 좀 덜 걸리고, 필기도 할 수 있다는 장점이 있습니다.

어떤 가정은 설교문을 가지고 주일과 월요일에 가정 예배를 드립니다. 또 금요일이나 토요일쯤 다시 설교문을 가지고 나누면서, 깨닫고 감동했던 것들이 여전히 살아 있는지, 다짐했던 마음이 여전히 살아 있는지를 점검합니다.

주중에 할 수 있는 일 – 설교 본문 공부하기

어떤 분들은 주일 설교를 듣고 그 본문에 대한 개인 공부를 시작합니다. 좋은 설교는 설교를 들은 것으로 만족하지 않게 하기 때문입니다. 그분들은 집으로 가서 깨닫고 배운 것을 따로 필기해서 정리합니다. 들은 말씀을 더 깊이, 더 풍성하게 알고 싶어서 주석과 강해설교집과 다양한 자료를 찾아가며 공부합니다. 근무 중 잠깐이라도 틈이 나면 휴대전화에 담아놓은 자료를 살펴보고, 묵상하고 기도합니다.

주중에 할 수 있는 일 – 설교 본문과 암송구절 계속해서 생각하기

어떤 분들은 주일에 자기 자신에게 일주일 치의 예약 문자를 걸어놓습니다. 월요일 언제, 화요일 언제 이런 식으로 예약을 하는데, 주일 암송구절이라든가 설교 본문 전체가 전송되게 합니다. 그래서 암송구절과 본문을 읽으면서 설교를 계속 생각하는 것입니다.

무엇이 이들을 이토록 사로잡았을까요?

주중에 할 수 있는 일 – 암송구절 암송

주일 예배 후에 초중고 자녀들을 대상으로 하는 말씀 암송도 의미가 있습니다. 그날 설교 본문에서 핵심 되는 구절이나, 아니면 설교 주제와 관련한 구절을 암송구절로 정하고 점심 후에 다 함께 모여 그 구절을 암송합니다. 여러 번 연습한 후에 초중고 자녀들이 한 명씩 차례대로 일어나 암송한 후에 앉습니다. 성도들은 손뼉 쳐 주며 격려하고 칭찬하지요. 너무 간단한 일이지만 남는 것은 아주 많습니다.

주중에 계속해서 암송구절을 되뇌면 주일 설교 말씀이 일부라도 떠오릅니다. 또, 암송했기 때문에 어른 성도들은 물론이요, 자녀들의 마음에도 오래도록 남습니다.

지금은 코로나19 때문에 다 같이 식사도 못 하고 암송하는 시간도 갖지 못해 매우 아쉽습니다. 그렇지만, 각 가정에서 주중에 암송하는 모습을 동영상으로 찍어 올리고 함께 마음으로 손뼉 쳐 줍니다.

주중에 할 수 있는 일 – 시편 묵상

두 분 목사님은 성도들이 주중에도 말씀을 꾸준히 묵상하도록 돕기 위해 짧은 시편 묵상을 수요일, 목요일, 금요일 오전에 밴드라는 SNS에 올려주십니다. 5분에서 10분이면 다 읽고 짧게 기도까지 할 수 있는 시편 묵상은 주일 설교 주제와 관련된 시편 본문을, 적용까지 할 수 있도록 돕고 있어서 많은 성도가 매우 즐겁게 활용하고 있습니다. 혼자서 성경을 읽고 묵상하기 어려워하시거나, 그런 환경에 계신 분들에게 큰 위로가 되고 있습니다.

설교문을 읽든, 설교 음성 파일을 듣든, 말씀 암송을 하든, 더 깊게 공부하든… 어떻게든 주일 설교가 우리의 마음에 지속해서 눈에 띄게 하고, 관심의 대상이 되게 하고 묵상거리가 되게 하려는 것입니다.

저희 가정도 설교문을 즐겨 읽습니다. 적어도 일주일에 두세 번은 읽으면서 주일 설교 말씀을 마음에 새기려고 노력합니다.

또, 앞에서 잠깐 말씀드리기도 했는데요, 토요일에는 주보를 확인한 후 주일 설교 본문을 가지고 가정 예배를 드립니다. 그러면 저나 아이들이나 이미 설교 본문에 친숙해져 주일 설교 말씀을 더 가깝게 듣게 됩니다. 주일 오후나 저녁에는 그날 설교 본문을 가지고 가정 예배를 드립니다. 그리고 주중에는 암송구절을 매일 암송하고, 때로는 함께 나눴던 다짐들과 깨달음을 서로에게 상기시켜 주기도 합니다.

이미 잘하고 계신 분들에게는 새로울 게 없는 이야기일 수 있겠습니다. 하지만 설교 말씀을 어떻게 내 삶에 들어오게 할 것인가를 고민하는 분들에게는 충분히 의미 있는, 또는 놀라운 이야기일 수도 있을 것입니다.

네, 어떤 분들에게는 이 책이 위로와 격려를 드릴 수 있길 원합니다. 또 어떤 분들에게는 서로 유익한 방법을 나누는 소재가 되길 원합니다.

기도하기, 순종하기

만약 우리가 말씀의 능력을 경험했다면, 들은 설교로 말미암아 우리의 영혼이 뜨거워지고 말씀에 사로잡혔다면, 가장 진지하게, 열심히, 꾸준히 행하게 되는 것은 기도일 것입니다. 설교를 듣기 전에, 설교를 듣는 중에도, 설교를 듣고 난 후에도 우리는 기도할 것입니다. 왜냐하면, 기도만이 말씀을 지속해서 붙드는 삶을, 하나님의 말씀을 가까이하는 삶을, 깨달음과 감동에 따라 순종하는 삶을 가능하게 하기 때문입니다(막 9:29). 설교 말씀이 실제 우리 것이 되게 하는 것은 기도뿐입니다.

이런 이유로 기도는 아무리 강조해도 지나치지 않습니다. 하지만 말씀이 내 삶이 되기 위해서는 기도만 해서도 안 되고, 기도 없이 말씀에 순종하는 삶도 불가능하다는 것을 기억해야 하겠습니다.

기도와 함께 실제 순종이 있어야 합니다.

우리가 말씀을 읽고 묵상하고 듣는 것에 대한 설교 말씀을 들었다고 합시다. 설교를 듣고 난 후, 우리는 이렇게 정리합니다.

"말씀을 읽자!"

여기에 고민(공부)과 기도와 순종을 더하지 않으면, 우리는 그냥 지식을 정리한 것입니다. 말씀을 꾸준히 읽고 묵상하는 것의 의미와 중요성에 대해, 설교 말씀이 은혜의 주요 수단이라는 것에 대해 그냥 지적으로 아는 것에서 끝난 것입니다.

이는 설교를 실제로 깨달았다고 말하기 어렵게 합니다. 설교에 순종했다고는 더더욱 말할 수 없습니다. 하나님의 인도하심과 도우심을 간절히 바라면서, 매일 성경 한 장씩 읽는 것을 계획하고, 설교를 더 잘 기억하기 위해 가족과 함께 일주일 중 하루만큼은 함께 이야기를 나누자고 일정표에 체크를 한다거나 하는 순종의 시작이 있어야 합니다.

우리가 "살인하지 말라"는 계명에 대해 설교를 들었다고 합시다. 미워하거나 질투하지 말고, 원수를 위해 기도하고 그를 위해 섬기라는 설교를 들었다고 합시다.

하지만 "원수를 사랑하자. 남을 미워하는 것도 살인이다." 라고 정리하는 것에서 끝난다면 우리는 설교를 잘 들었다고 말할 수 없습니다.

직장에서, 학교에서 사이가 좋지 않은 사람이 있습니다. 그와의 관계 회복을 위해 하나님께 간절히 기도하면서,

'앞으로는 그를 위해 매일 한 번씩 기도해야겠다.'

'친절한 말 한마디라도 건네야겠다.'

'점심 먹고 난 후에 먼저 물 한 컵 건네야겠다.'

'오해가 있었는데 풀어야겠다.'와 같이 마음을 먹고 실제 행동해야 합니다.

기도하고 순종하지 않는다면, 설교가 아무리 강력한 은혜의 수단이라고 해도 우리와는 아무런 상관이 없게 됩니다.

네, 삶 속에서 말씀이 열매를 맺도록 하기 위해서는 간절히 기도하면서 순종의 첫발을 내디뎌야 합니다.

이 책에서 이야기하는 것들이 어느 정도 우리 마음을 움직이고 해볼만 한 좋은 제안이 된다 해도, 저와 여러분이

기도하지 않고, 삶에서 아무것도 하지 않으면 아무 유익도 없습니다.

설교가 우리 신앙과 삶에 뿌리내리게 하기 위한 특별한 비법은 없습니다. 지름길도 없습니다.

지금 당장 기도하고, 지금 당장 순종해야 합니다.

말씀을 실천하지 않는 이유

설교를 듣지만 계속 순종하지 않고, 삶 속에 말씀의 열매가 맺어지게 하는 일에 관심이 없는 데는 여러 이유가 있습니다.

첫 번째 이유는, 우리에게 신앙이 없기 때문입니다. 우리는 명목상의 그리스도인입니다. 언젠가 영접 기도를 한 기억이 있고, 매 주일 교회에서 예배하고 있기는 하지만 말씀의 능력을 경험해 본 적이 없습니다.

우리는 하나님을 사랑하지만, 말씀은 사랑하지 않는다는 모순에 관해 스스로 질문하고 답해야 합니다.

"여보, 나는 당신을 사랑해요. 비록 오늘 당신에게 문자 한 번 보내지도 않았고, 요 며칠 당신 생각을 해 본 적이 없지만. 진심이에

요. 믿어줘요."

두 번째 이유는, 신앙이 있기는 하지만 성경의 권위와 충분성 등에 대한 확신이 없기 때문입니다. 우리는 성경이 믿음에 관해서는 권위가 있지만, 우리 삶을 간섭하거나 옭아매서는 안 된다고 생각합니다. 이런 생각 자체를 해 본 적이 없을 수도 있습니다. 성경은 신앙과 관련해서만 의미 있고, 세상을 살아가는 데는 세상의 방법이 따로 있다고 생각합니다. 하지만 이는 성경 자체의 증언과, 성경을 따라 참되고 살아 있는 삶을 살아간 선조들의 모습과, 현재 그렇게 살고 있는 거룩한 성도들의 삶과도 거리가 있습니다.

세 번째 이유는, 세상을 사랑하기 때문입니다. 우리는 감동을 받고, 진리에 대해 배우며, 종종 말씀의 능력도 경험하지만, 세상이 주는 달콤함이 워낙 커서 말씀을 억누릅니다. 옥토가 되려고 노력하지 않습니다. 그냥 돌밭과 가시떨기에서 만족합니다. 설교를 믿음으로 받아들이지 않습니다. 어렵고 힘든 일이 있을 때를 제외하고는 말이지요. 하지만 우리는 두 주인을 섬길 수 없다는 말씀 위에서 진지하게 고민해봐야 합니다.

그렇다면, 어떻게 해야 말씀을 실천할 수 있을까요? 어떻게 해야 설교 말씀에 순종할 수 있을까요? 어떻게 해야 우리 삶 속에서 말씀의 열매가 맺어지게 할 수 있을까요?

성경 속을 들여다봅니다. 교회사를 꺼내 봅니다. 주위를 둘러봅니다.

진지하고 경건한 그리스도인은 어떤 사람입니까? 참되고 거룩한 신자는 누구입니까? 설교를 귀하게 받고 듣는 자들입니다. 하나님의 말씀을 듣기 원하는 자들, 말씀을 사랑하고 기뻐하는 자들입니다.

그러므로 믿음은 들음에서 나며 들음은 그리스도의 말씀으로 말미암았느니라_롬 10:17

하나님의 백성은, 주의 자녀는, 그리스도인은 하나님의 말씀을 즐거워합니다. 그래서 주야로 묵상합니다. 주야로 묵상한다는 말이 무슨 뜻일까요? 그냥 시적 표현일까요? 아니면 그의 삶을 이야기하는 것일까요?

성도는 하나님의 말씀을 묵상하는 사람입니다. 공부합니다. 씨름합니다. 암송합니다. 깨달을 때의 기쁨을 맛본 자들은 말씀을 더욱 가까이합니다. 가까이할 수밖에 없습니다. 나태할 수가 없습니다.

신자는 말씀 안에 담긴 하나님의 놀라운 은혜와 일하심을 보고 즐거워합니다. 이런 기쁨과 즐거움이 쌓여갈수록 성도는 말씀을 더 가까이합니다. 설교를 더욱 사랑하고, 시간을 내어 개인 성경공부를 합니다. 세상에 마음을 빼앗기지 않고, 내 주 하나님의 말씀 속으로 들어가 평안을 누립니다.

우리 하나님의 말씀은 들을 만한 가치가 있는 정도가 아닙니다. 우리에게 생명입니다. 우리에게 식사와 음료가 됩니다. 우리가 사느냐 죽느냐는 전적으로 말씀에 달려 있습니다.

우리에게 구원받는 은혜를 베푸시는 하나님께서는, 우리가 그 은혜를 받을 수 있도록 믿음을 주십니다. 우리 하나님께서는 그 믿음을 참으로 갈급해하는 자에게 그 믿음을 선물로 주십니다. 그러니 두드리고 찾고 구합시다. 간절히 기도합시다!

더 깊은 공부와 나눔을 위한 질문

1. 웨스트민스터 대교리문답 160문답은 설교를 잘 듣기 위
   해서 어떻게 들어야 한다고 진술합니까? 다른 사람에게
   자세하게 설명해 봅시다.

2. 설교를 잘 듣기 위해 어떻게 준비하고 있는지 나눠 봅시
   다. 특별히 토요일이나 주일 아침 이른 시간을 어떻게 보
   내고 있는지 나눠 봅시다.

3. 설교와 설교자를 위해, 함께 예배하는 동료 성도들을 위
   해 어떻게 기도해야 할지 나눠 봅시다.

4. 설교를 잘 듣고 마음에 새기기 위한 방법을 서로 나눕시다. 좋은 방법은 배우고, 서로 감사하고 격려하고 응원합시다.

5. 설교를 성경에 근거해 검토하라는 내용을 당신은 어떻게 생각하십니까? 좀더 보충할 내용이 있을까요?

6. (5번과 연관 지어서,) 설교를 사람의 말이 아니라 하나님의 말씀으로 받아야 한다는 진술에 대해서 어떻게 생각하십니까? 어떤 무거움이 느껴지는지 말해 봅시다. 우려할 점은 없을까요? 보충하거나 수정하고 싶은 내용은 없습니까?

7. 설교를 마음에 두기 위해 가족들과 어떻게 나누고 있습니까? 하나님께서 어떤 즐거움과 복을 주고 계시는지 나눠 봅시다.

8. 설교를 마음에 두기 위해 동료 성도들과 어떻게 교제하고 있습니까? 하나님께서 어떤 기쁨과 은혜를 베풀어 주시는지 나눠 봅시다.

9. 설교를 어떻게 필기하고 정리하고 있는지에 대해 서로 좋은 방법을 공유하고 배웁시다.

10. 팔짱, 다리 꼬기와 같은 태도를 지은이는 합당하지 못한 태도라고 판단합니다. 여러분은 어떻게 생각하십니까?

11. 설교가 주는 유익에는 어떤 것들이 있을까요? 최대한 많이 생각해보고 써 봅시다.

12. 시편 119편 전체를 한 번 읽어봅시다. 감동이 있는 구절에 표시하고, 일주일 동안 묵상한 후 글로 정리해 봅시다.

13. 예배 전후로 세속적인 이야기를 하지 않아야 한다는 지은이의 주장에 대해 어떻게 생각하십니까? 동의하지 않고, 다른 균형 잡힌 시각이 있어야 한다면 어떠해야 할 것인지 나눠 봅시다.

14. 지은이는 기도를 얼마나 강조합니까? 기도가 왜 중요합니까?

15. 지은이는 순종을 얼마나 강조합니까? 순종이 왜 중요합니까?

16. 지은이는 말씀을 듣고도 실천하지 않는 이유에 대해 3가지를 꼽았습니다. 다른 이유도 찾아보고, 대안도 이야기해 봅시다.

17. 광교장로교회에서 설교를 듣고, 마음에 담기 위해 노력하는 이야기들을 읽어봅시다. 광교장로교회 이야기가 당신에게 도전을 줍니까? 당신을 격려합니까? 읽고 배운 바가 있다면 나눠 봅시다.

18. 최근에 기억에 남는 설교가 있다면 나눠 봅시다. 왜 기억에 남았습니까? 설교를 듣고 당신은 말씀에 순종하기 위해 어떻게 했습니까? 또는 순종하기 위한 노력을 하지 않았다면 왜 그랬습니까?

19. 2장을 읽고 깨닫거나 배운 바가 있다면 나눠 봅시다. 결단하고 다짐하여 계획을 세우고, 실제 기도하며 순종하기 시작한 이야기가 있다면 함께 나눠 봅시다.

[2장 설교, 어떻게 들어야 할까요?]를 읽으면서 하나님께서 깨닫게 해주신 것과 베풀어 주신 은혜를 생각하며 감사합시다. 또 깨달아 배우고 확신한 일에 거할 수 있게 해 달라고 기도합시다.

3장
Q&A

1. 설교가 이렇게나 중요한데, 만약 교회에서 건강한 설교를 듣지 못하면 어떻게 해야 할까요?

A. 목사인 설교자가 바른 복음을 전하는 않는다면 어떻게 해야 할까요?

먼저 어떤 문제와 관련된 것이든지 간에 우리 판단이 성경의 지지를 받고 있는지 검증해 봐야 합니다. 정말 누가 봐도 이건 아니다 싶은 일도 있겠지만, 판단하기에 쉽지 않은, 때로는 취향의 문제거나 그 교회의 역사나 지역과 관련된 특수성의 문제일 수도 있습니다.

따라서 바른 성경해석에 관한 책도 공부하고, 교회사적으로 널리 인정되어온 좋은 설교집들을 읽으면서 분별력을 키우는 한편, 교회에 따라 담당 목회자나 장로, 또는 본이 되고 존경받는 성숙한 신앙 선배들과 먼저 상담해야 합니다.

장로교회를 예로 말씀드리면, 사실, 설교자가 바른 복음을 전하지 않는다면 장로들이 제안하여 당회에서 이를 논의하게 됩니다. 당회에서 해결이 안 되면 노회로 가서 판단을 받게 되어 있습니다.

그러나 설교자가 명백하게 건강한 복음을 전하지 않는데도 당회에서 아무런 얘기가 나오지 않는다면, 말씀을 지켜야 할 장로들도 건강하지 않다는 방증입니다. 매우 속상한 상황이죠. 흔히 크게 두 가지 해결책이 제시됩니다.

1) 신앙이 어느 정도 자랐고, 말씀에 대한 지식이 탄탄한 사람은

① 당장 건강한 설교를 듣지 못해도 다른 방법으로(정말 좋은 방법이 아니지만, 온라인 설교, 강해설교집 등으로) 버틸 수 있다면, 교회를 위해 기도하면서 교회가 회복되기를 기다리라는 조언을 듣게 됩니다.

② 만약 교회 내부에 뜻있는 목사가 있어서 그분께 많이 의탁할 수 있으며, 그분이 적극적으로 우리가 바르게 성경을 깨닫고 이해할 수 있도록 공적/사적으로 챙겨줄 수 있다면, 더하여 같은 마음으로 교회가 회복되기를 진심으로 걱정하며 기도하는 동료 그리스도인들이 두세 명 이상이면(전 4:12), 그분들과 함께 교회를 위해 섬기시기를 권합니다. 기도하고, 다른 성도들과 교리도 공부하고 함께 성경공부 등을 하면서 바른 신앙을 갖는 성도들이 더 많이 생기도록 힘써야 합니다. 또 기회가 될 때마다 당회에 의견을 개진해야 합니다. 지면상 이곳에서 아주 세세하게 말씀드릴 수는 없지만, 성경에 충실한 설교를 듣고 싶다고, 복음이 선명하게 드러나는 설교를 듣고 싶다고 당회에 분명하게 의사를 전달해야 합니다.

이 모든 과정 가운데서, 설교자나 설교자를 맹목적으로 두둔하는 사람이나 우리가 문제라고 생각하는 것을 문제라고 여기지 않는 다수의 사람을 비방하려는 마음을 가져서는 안 됩니다.

교회에서 이뤄지는 여러 모임과 행하는 여러 프로그램 중 성경에 충실한 모임과 행사에 힘써 참석하여 목사와 책임자에게 힘을 실어주고, 동료 그리스도인들을 섬겨야 합니다.

목사와 당회가 마음이 온유하고, 합리적인 사람들이며, 복음에 대해 기본적으로 바른 신앙을 지니고 있다면 우리의 이런 기도와 행동들이 그분들께 긍정적인 메시지가 될 수 있습니다. "교회에서 여러 봉사에 주도적으로 섬기는 사람들이 있다. 그런데 그들은 자주 여러 문제를 언급하며 의견을 개진한다. 또한, 그들이 열심히 봉사하면서 적극적으로 참여하는 모임과 행사가 있고 그렇지 않은 모임과 행사가 있다. 왜 그러는 것일까?" 이런 생각들이 들고 고민을 시작하게 할 수만 있어도 교회는 회복될 가능성이 큽니다.

③ 내부에 있는 목사가 우리의 고민을 충분히 이해는 하지만, 우리를 공적/사적으로 말씀으로 양육해주는 일에, 또 지속해서 조언하고 돕는 일에 마음을 두지 않을 수 있습니다. 그러면 우리가 그분들을 많이 의지할 수 없게 됩니다.

이때 비슷한 문제의식을 느끼고 교회를 사랑하여 기도하면서 열심히 봉사하면서 교회를 세우려고 노력하는 여러 동료 성도님들이 있다면, 경건한 목사가 청빙 받을 때까지 기다릴 수도 있을 것입니다. 그러나 많은 교회에서 부교역자들은 교회에 의해 청빙 받는 것이 아니라 실제로는 담임목사나 당회의 임명을 받는 상황에 있음을 기억하면 장래가 그렇게 밝지 않습니다. 강단이 건강하지 못하다는 것은 담임목사나 당회가 순수한 복음에서 꽤 멀어졌다는 것이기에, 경건한 목사를 청빙하거나 임명하는 일은 슬프게도 잘 일어나지 않을 것입니다.

④ 혹 ②번이 순조롭게 잘 진행되지 않으면, 성도들은 함께 마음을 모았던 목사가 다른 교회로 청빙 받을 때 함께 갈 수도 있겠고, 또는 그 목사님과 함께 교회를 개척할 수도 있을 것입니다. 또는, 그 목사님과 상관없이 건강한 교회를 찾아 옮길 수 있을 것입니다.

성도는 말씀으로 살아가는 존재이기에 너무 오랫동안 양식을 제대로 먹지 못하면 심각한 병에 걸리거나 죽을 수도 있음을 기억해야겠습니다.

⑤ ②번에서 생각할 수 있는 가장 안 좋은 것은, 정말 슬프게도 실제로 많이 일어나는 상황인데요, 설교자가 회개하고 교회가 회복되는 경우가 거의 없다는 것입니다. (보통 담임목사인) 설교자가 더 강력한 권력을 얻게 되든지, 파벌 싸움이 일어나 교회가 분열된다든지 하는 일들이 많이 일어납니다. 나름대로 교회를 세우려고 노력했던 사람들은 교회를 파괴하는 자로 몰리며 내쫓김당하기도 합니다.

부목사로 교회를 열심히 섬기던 분이 계셨습니다. 담임목사님의 설교는 말씀 중심이기는 한데 하나님이 아닌 사람이, 은혜가 아닌 노력이 강조됐습니다. 부목사님은 그래서 도 더욱 바르고 선명한 복음을 기회가 있을 때마다 전했습니다. 담임목사가 오로지 말씀과 기도에만 힘쓰겠다는 것이 그 교회 목회방침이었기 때문에 청장년들을 심방하는 일이 부목사님께 주어졌습니다. 목사님은 심방을 통해 성도들을 세우는 일에 열심을 냈습니다. 아무리 먼 거리도 자비를 들여서라도 찾아갔습니다. 아시다시피 사람은 같이 밥을 먹어야 관계가 형성되는 사회적 존재입니다. 같이 밥 먹고, 차 마시며 이야기를 나누고, 권면하고 기도하며 사람들을 위로하고 섬겼습니다. 성도들이 이 목사님을 신뢰하고 좋아하는 것이 담임목사님에 대한 신뢰보다 더 커진다는 이야기가 나올 때쯤, 이 목사님은 교회에서 쫓겨났습니다.

화조차 나지 않는 것은, 이제 이런 이야기들이 너무 일반적이기 때문입니다.

⑥ 그동안 버티며, 소망하며 자리를 지킨 많은 사람이 매우 힘이 빠지고 때로는 상실감까지 맛보게 되는 상황이 있습니다. 문제의식과 고민에 공감을 해주며 그럼에도 교회에서 최대한 버티라고 말해준 목사나 신앙 선배들이, 교회를 개혁하기 위해 활발한 활동을 하지 않고, 우리를 지속해서 위로하고 세우는 데 무관심하거나 소홀히 한 채, 얼마 후

다른 교회로 옮기는 것입니다.

만약, 그분들이 교회를 옮기기 전에 우리와 함께 적극적으로 고민을 나누고, 바른 설교가 선포되도록 당회에 이야기하고, 여러 사람을 만나 조심스럽게 도움을 구하고, 성도들이 바른 설교를 분별할 수 있도록 다양한 방법으로 성도들을 가르치려 노력했다면, 우리는 그분들의 진정성을 충분히 이해하고 받아들일 수 있습니다.

하지만, 우리에게 버티라고 조언한 분들이 실제로 교회가 회복되도록 구체적인 행동들을 취하지 않다가, 어느 날 갑자기 다른 교회에서 청빙을 받았든, 계약 기간이 만료돼서 교회를 옮겼든지 간에 교회를 옮긴다면, 우리는 건강한 설교를 듣지 못하는 교회에 있다는 상처 하나와, 우리를 지켜주고 인도해 주고 돌봐줄 것 같았던 분들의 이탈로 다른 상처를 하나 더 안게 될 수 있습니다.

㉾ 한편 우리가 아니라 목사 입장에서도 생각해볼 거리가 있습니다. 우리 생각과는 달리 적지 않은 목회자가 비겁해서, 소신이 없어서 나서지 않는 것이 아닙니다. 그분들도 처음에는 나름대로 개혁을 위해 애쓰고 기도하고, 사랑으로 섬겼습니다. 교회를, 성도를 살리기 위해 힘썼습니다. 하지만 그런 그분들의 열심과 노력에도 불구하고 함께 고민해주

지 않는 대다수의 성도와, 함께 하겠다고 했지만 열심을 내지 않는 우리 때문에 그분들이 이미 큰 상처를 받은 경우가 많기도 한 것입니다. 그래서 그분들로서는 망설여지는 부분이 분명 있을 것입니다.

⑧ 뜻있는 목사들이 노력할 때 우리가 그분들과 적극적으로 함께하지 않는다면 그분들이 받을 상실감도 매우 클 것입니다. 어쩌면, 때에 따라서는 우리가 받는 것보다 그분들이 받는 상처가 더 클 수도 있습니다.

2) 만약 우리가 당장 건강한 설교를 듣지 못하면 안 되는 연약한 자라면, 신앙의 초보자라면 이에 대해서는 대체로 교회를 빨리 옮기라는 조언을 듣게 됩니다.

⑨ 어떤 분들은 신앙이 아직 단단하지 않은 우리에게도 교회를 지키고, 교회를 위해 기도하며, 자리를 지키라고 강하게 권면합니다. 하지만, 우리가 정말로 교회를 지키고 교회를 세우기 위해서 노력할 수 있으려면 먼저 복음을 충분히 들어야 합니다. 복음이, 말씀이 힘 있게 일하는 것을 어느 정도 충분히 맛보아야 합니다. 다섯 살 아이는 10kg을 들 수 없습니다. 더 많이 커야 합니다.

⑩ 우리는 비록 아직 어리지만, 만약 교회에서 뜻있는 목

사님과 여러 동료 성도들이 있어서 그분들의 도움과 섬김을 받을 수 있다고 한다면, 여기서 다시 두 가지로 나누어서 생각할 수 있습니다.

⑪ 비록 속도는 더디더라도 경건한 목사님의 목양 아래 성숙한 성도들과 자주 교제하며, 그들에게 배우며 자라가는 것에 큰 기쁨을 경험할 수 있다면, 그분들과 함께 계속 가시는 것을 권합니다.

⑫ 하지만, 그런 분들이 계심에도 불구하고 여전히 어려움을 호소하시는 분들도 있습니다. 그런 분들은 어떤 죄책감에도 시달리지 말고 건강한 말씀이 선포되고 가르쳐지는 좋은 교회로 지체 없이 옮기시기 바랍니다.

우리는, 조금 과장해서 말하면 설교를 듣기 위해 교회에 갑니다. 어떤 사람에게는 설교 한 편이 일주일의 삶을 좌우합니다. 설교에는 놀라운 힘이 있어서, 건강한 교회에 있지 못한 사람이라도 좋은 설교 한 편을 읽거나 시청하는 것으로 그들의 영혼의 목마름을 해결하고, 그 교회 안에 계속 남아, 교회를 바꾸려는 일을 포기하지 않고 열심을 내게 합니다.

그럼에도 이런 일들이 일어날 때마다 일반 성도들이 너무

무거운 짐을 지고 있는 것은 아닌가 하는 생각이 듭니다. 한 교회 안에서, 함께 힘 있게 개혁을 추진하고, 뜻있는 성도들을 지도하고, 그들을 격려해주는 사역자가 있다면, 성도들은 계속해서 힘을 공급받으며 함께 그 길을 걸을 수 있습니다.

그러나 적지 않은 경우 문제의식을 느낀 성도는 말씀 공급도 알아서 해결해야 하며, 교회에서는 문제아 취급을 받으며, 자신을 지지해주고 위로해주는 이가 거의 없는 상태에서 이것저것 눈치 보며 목소리를 내야 합니다. 일반 성도가 사역자의 지도와 보호 없이 감당하기에는 너무나 무거워 보입니다.

여러분에게 함께 고민하고 기도하는 사역자와 여러 동료가 있다면, 그 사역자가 힘껏 바른 복음을 전하려 하고, 바르게 판단할 수 있도록 가르친다면, 여러 동료가 단지 문제만을 인식하고 나누는 것에서 그치는 것이 아니라 실제로 교회를 바르게 되살리고자 뜻을 모은 동료들이라면, 계속 그 교회에 남아 기도하면서 개혁을 추진하시길 권합니다.

하지만, 여러분의 신앙이 아직 많은 도움을 필요로 한다거나, 조언해 주는 사역자는 있지만 그가 힘껏 노력하지는 않는다거나, 같은 고민을 하고 같은 마음을 품은 동료들이 많지 않다면 바르고 건강한 교회로 달려가시길 권합니다.

2. 말씀을 열심히 듣고 있고, 주중에도 개인 경건생활에 나름 힘쓰고 있습니다. 하지만 생각보다 제 삶에서 열리는 말씀의 열매가 적은 것 같아 속상합니다.

A. 하나님을 더 사랑하고 싶고 더 굳건한 믿음을 소유하고 싶지만, 아직 자신들이 열망하는 만큼 경건함과 신앙에 이르지 못한 분들이 느끼는 속상함을 압니다. 설교를 무겁게 받고, 주중에도 경건에 힘쓰지만, 삶 속에서 충분한 열매가 열리지 않아 애끓는 마음을 토로하시는 분들의 마음을 충분히 이해합니다.

먼저 목사님, 장로님께 심방을 받으십시오. 한 번이 아니라 지속해서 말입니다. 그분들은 하나님께서 우리의 구원과 경건을 위해 세우신 직분자입니다. 누구보다 우리를 잘 지도하고 섬겨주실 분들입니다. 정기적으로 심방을 받고, 또 필요할 때마다 상담을 요청하여 여러분의 고민과 상태와 여러분이 힘쓰는 여러 일을 알리십시오. 구체적으로 말씀드려야 구체적인 도움을 받을 수 있습니다.

영혼을 뜨겁게 하는 좋은 설교집과 신앙 전기를 자주 읽어보시는 것도 추천합니다. 이런 책들은 마음을 뜨겁게 하기만 하는 것이 아니라, 말씀을 삶에서 어떻게 살아내야 할지를 알려주는 좋은 길잡이가 됩니다.

경건하고 배울만한 성숙한 성도님들과 자주, 가깝게 교제하시는 것도 매우 좋습니다. 함께 성경공부 모임을 하셔도 좋겠고, 함께 독서 모임을 하셔도 좋습니다. 성숙한 성도 옆에는 성숙한 성도가 있습니다. 삶에서 치열하게 말씀을 녹여내는 사람 옆에는 똑같은 사람이 있습니다.

그렇게 긴 시간이 지나지 않아서 여러 달콤한 열매를 맺는, 많은 은혜 가운데 있는 자신을 보며 하나님께만 영광 돌리게 될 것입니다.

3. 매주 설교해주시는 목사님들께 어떻게 감사를 전할 수 있을까요? 성도들이 설교자에게 받는 게 참 많은데, 우리는 설교자에게 어떻게 고마운 마음을 전할 수 있을까요?

A. 우리는 예배 때 말씀과 성례를 통해 은혜를 받습니다. 이렇게 하나님 앞에서 은혜를 받을 수 있도록 사역하고 섬겨주는 고마운 분들에게 우리는 "은혜 많이 받았습니다.", "말씀 잘 들었습니다.", 또는 더 짧게 "감사합니다."라는 말

로 감사를 전합니다.

이런 표현에 감사하기는 하겠지만, 그분들은 아쉬워하기도 합니다. 성도들이 설교를 통해 어떻게 자라고 배워가는지, 성도들에게 어떤 회개가 있는지, 성도들이 어떤 영적 즐거움을 누리고 있는지, 하나님을 믿는 것과 아는 일에서 성도들이 어떻게 영적 성숙을 이뤄나가는지 매우 궁금하기 때문입니다.

성도들이 주일 오후나 주중에 목사님에게 간단한 메시지라도 전하면 어떨까요? 설교를 듣고 하나님에 관해 무엇을 깨닫고 알게 됐는지, 설교를 듣고 깨닫게 된 죄와 어떻게 싸우고 있는지, 하나님의 말씀이 어떻게 우리 삶 속에서 우리를 몸부림치게 하는지 등을 전하는 것이야말로 설교자인 목사에게 가장 큰 위로와 격려와 힘이 되지 않을까요?

'설교를 듣고 하나님을 더 알기 위해 책을 보려 한다. 추천해 달라.'

'설교에 끝이 있다는 게 너무 아쉽다.'

이런 고백들이 설교자를 얼마나 기쁘게 할까요?

그러므로 나의 사랑하고 사모하는 형제들, 나의 기쁨이요 면류관인 사랑하는 자들아 이와 같이 주 안에 서라_빌 4:1

우리의 소망이나 기쁨이나 자랑의 면류관이 무엇이냐 그가 강림

하실 때 우리 주 예수 앞에 너희가 아니냐_살전 2:19

성도가 말씀을 사랑하고, 말씀에 순종할 때, 선포된 말씀
대로 살기를 즐거워하고 힘쓸 때, 설교자는 영광을 얻게 됩
니다.

우리가 설교와 그의 가르침을 통해 하나님을 알아갈 때,
우리가 예배를 기뻐할 때, 우리가 회심하고, 영적 성장을 이
루어나갈 때 우리는 설교자의 면류관이 됩니다.

또, 우리는 모든 좋은 것을 목사와 함께 나눔으로 그분들
에게 사랑의 마음을 전할 수 있습니다.

가르침을 받는 자는 말씀을 가르치는 자와 모든 좋은 것을 함께

하라_갈 6:6

그것은 음식이 될 수도 있고, 그분들이 느끼는 어떤 필요
가 될 수도 있고, 구원과 경건에 관한 기쁜 소식이 될 수도
있습니다.

우리는 목사가 (필요와 상황에 따라 장로님들까지) 좋은 책을
충분히 사서 볼 수 있도록, 필요한 강연과 세미나에 어려움

없이 참석할 수 있도록, 좋은 사람들을 만나 즐겁게 교제할 수 있도록 교회 재정에서 이러한 항목들을 우선순위로 세울 수 있습니다. 그렇게 함으로 우리는 우리를 가르치고 양육하는 목사님들께 우리의 마음을 어느 정도는 전할 수 있습니다.

더 깊은 공부와 나눔을 위한 질문

1. 여러분은 교회에서 성경에 충실한 설교를 듣지 못한 경험이 있습니까? 어떻게 해결했는지, 하나님께서 여러분을 어떻게 지켜주시고 인도해 주셨는지 나눠 봅시다.

또, 지금 이 문제로 고민하는 지체를 어떻게 위로하고, 그에게 어떻게 용기를 줄 것인지 생각해봅시다.

2. 각자가 생각하는 참된 신앙의 모습은 어떤 모습인지 나눠 봅시다. 여러분이 열망하는 경건함의 수준은 어떠한지, 그를 위해 어떻게 경건생활을 해나가고 있는지도 나눠 봅시다.

3. 여러분의 교회에서는 목사(설교자)에게 어떻게 감사의 마음을 전하고 있습니까? 여러분은 목사에게 고마운 마음을 어떻게 전하고 있습니까?

[3장 Q&A]를 읽으면서 하나님께서 깨닫게 해주신 것과 베풀어 주신 은혜를 생각하며 감사합시다. 또 깨달아 배우고 확신한 일에 거할 수 있게 해 달라고 기도합시다.

부록

설교에 관한 책들은 기본적으로 설교자를 위해 쓰였습니다. 하지만 일반 성도들도 설교에 관한 책을 읽으면 많은 도움을 받을 수 있습니다. 설교의 영광과 무게에 관한 이해가 커지게 되면 설교와 설교자를 대하는 우리의 태도도 달라지기 때문입니다.

일반 성도분들께서 읽기에 쉽고 유익이 많은 책들을 추천해 드립니다.

추천도서 - 기본

"기본" 단계에서 추천해 드리는 책 중 두세 권 정도 보신 후에 "심화" 단계의 책들을 읽어보시면 좋습니다.

『설교, 어떻게 들을 것인가?』

손재익 목사님께서 지으신 책으로, 좋은씨앗에서 출간됐으며, 256쪽의 분량으로 되어 있습니다. 아직 이 책을 읽어보시지 않은 분은 이 책을 가장 먼저 읽어보시길 권합니다. 목사의 입장에서, 때론 한 명의 그리스도인으로서 왜 설교가 중요한지, 설교를 어떻게 들어야 하는지 등에 관해 매우 실제적으로 이야기하고 있습니다. 번역서가 아닌 우리나라 목사님께서 쓰신 책이라는 이유만으로도 가치가 크다고 생각합니다. 내용도 탁월합니다.

『마크 데버, 그렉 길버트의 설교』

제목 그대로 마크 데버, 그렉 길버트 두 목사님이 쓰신 책입니다. 개혁된실천사에서 출간했으며, 312쪽 분량입니다.

어떤 분들에게는 312쪽의 분량이 좀 부담되실 수도 있겠습니다. 하지만 실제 읽어보시면 책을 금방 읽는 자신을 발견하게 될 것입니다. 책이 쉽고 재미있습니다.

설교자에게도 좋은 통찰과 조언을 많이 제공해 주지만, 설교를 듣는 성도들도 즐겁게 배울 내용이 많이 있습니다.

특히 1부가 그러합니다. 말씀의 능력과 강해 설교를 강조하는 내용은 설교를 듣는 우리 마음의 태도를 바로잡아 줍니다.

『목사, 성도들의 영혼 지킴이』

조나단 에드워즈 목사님이 지은 책입니다. 부흥과개혁사에서 출간됐으며, 180쪽 분량의 작은 책입니다. 설교가 아니라 설교자에 관한 책이지만, 이곳에서 소개해드리는 이유는 이 책이 우리 성도들로 하여금 목사를 사랑하게 하기 때문입니다. 그분들을 이해하고, 그분들을 위해 기도하게 하고, 그분들을 사랑하고 존경하게 하기 때문입니다.

『설교의 기술과 목사의 소명』

이 책은 청교도의 아버지라는 별명을 지닌 윌리엄 퍼킨스 목사님이 지었습니다. 부흥과개혁사에서 출간했고, 261쪽 분량입니다. 차례 중 일부를 소개합니다.

1. 대언의 기술 / 설교란 무엇인가
2. 하나님의 말씀 / 성경의 본질과 주제
3. 성경의 내용 / 성경의 범위와 권위

4. 성경 해석 / 성경 해석을 위한 특별한 규칙

5. 성경 해석 원리 / 성경 해석을 위한 일반적 규칙

6. 하나님의 말씀을 바르게 분변함 / 성경 본문에서 교리 분석

7. 성경의 적용 / 청중의 상태에 따른 적용

8. 적용의 다양성 / 적용의 종류

9. 기억술의 사용 / 원고를 암기해서 설교하지 말라

10. 말씀 선포 / 설교 전달

11. 공적인 기도 / 설교자의 공기도

보셔서 아시겠지만, 우리 성도들이 개인 성경공부를 할 때 도움이 되는 내용도 많습니다.

이외에도 목사의 소명에 관한 내용이 이어지는데, 우리 성도들이 목사의 소명과 직무를 이해하게 하고, 목사(설교자)의 직분이 얼마나 영광스러운지를 가르쳐 줍니다.

『조엘 비키의 교회에서의 가정』

조엘 비키 목사님이 쓰신 책으로, 개혁된실천사에서 출간됐습니다. 112쪽에 작은 판형의 부담 안 되는 분량입니다. 내용이 매우 실제적이고 구체적입니다. 꼭 읽어보십시오.

차례를 소개합니다.

1부 설교 듣기

    1. 설교의 중요성

    2. 설교 말씀을 들을 준비하기

    3. 설교 말씀을 받기

    4. 설교 말씀을 실천하기

2부 기도 모임 참석하기

    5. 기도 모임의 필요성

    6. 기도 모임의 성경적 근거

    7. 기도 모임의 역사

    8. 기도 모임의 목적

    9. 기도 모임의 실행

    10. 기도 모임의 중요성

추천도서 - 심화

『설교와 설교자』

『설교와 설교자』는 마틴 로이드 존스 목사님이 지으신 책입니다. 기독교문서선교회에서 『목사와 설교』라는 이름으로 출간되었다가 더 읽기 쉬운 번역과 편집으로 복 있는 사람에서 출간되었고, 몇 년 전에는 40주년 기념증보판으로 새 옷을 입었습니다.

제가 아는 목사님, 신학생분들 중, 이 책을 읽지 않은 분을 찾기가 어려울 만큼 널리 사랑받는 책입니다. 일반 성도분들께도 많은 사랑을 받고 있습니다. 저희 집만 해도 세 권이 있네요.

585쪽 분량에 16개 장으로 이루어져 있습니다.

이 책도 여러분께 차례를 소개합니다. 차례를 계속해서 소개하는 이유가 있습니다. 여기에 소개해드리는 책 중 독자 여러분께서 아직 안 읽으신 책들이 있을 것입니다. 잘 아시는 것처럼 차례는 그 책이 말하고자 하는 소재들을 보여 줍니다. 독자 여러분께서 차례를 보시고 여기서 소개해드리는 책들이 읽을 만한 가치가 있음을 알아주셨으면 하기 때

문입니다. 또 여러분께서 이 책들에 더 기대하셨으면 하는
마음 때문입니다.

저는 진행했던 독서 모임에서 이 책을 두어 번 읽었습니다. 여러 차례 여러 사람과 함께 이 책을 읽을 기회가 있었습니다. 그리고 놀랍게도 책을 읽은 모든 사람이 변했습니다. 어떤 사람은 말씀의 권위와 충분성을 만났습니다. 방황하던 신학생은 목회의 방향을 정했습니다. 어떤 사람은 그리스도를 만났습니다. 어떤 사람은 교회를 더 사랑하게 됐습니다.

혹, 아직 이 책을 읽지 않으신 분이 계시다면 꼭 소장해서 천천히 묵상하며, 줄 치고 공부하며 읽어보시길 권합니다.

『목회자 후보생들에게』

CH북스에서 출간됐으며, 찰스 스펄전 목사님이 쓰신 책입니다. 698쪽 분량으로 꽤 두껍습니다.

"설교란 무엇인가"라는 표현은 다소 추상적으로 보입니다. 무엇인가를 정의하거나 설명하고자 하는 표현이라고 생각할 수 있습니다. 하지만 이 책은 다릅니다. 이 책은 구체적이고 실제적입니다. 그래서 두꺼운 책임에도 큰 부담 없이 읽을 수 있습니다.

이 책도 차례를 소개해 드립니다. 차례만 봐도 매우 흥미롭습니다.

아시겠지만, 이런 책을 볼 때는 원래 앉은 자리에서 단숨에 읽는 게 아닙니다. 관심 가는 주제를, 필요한 내용을 찾아 읽는 것입니다. 그러니 책 분량에 더더욱 겁먹지 않으셔도 됩니다. 오히려 이런 내용들을 이렇게 실제적으로, 풍성히, 깊이 있게 배울 수 있다니 얼마나 행복한가요.

『설교에 관하여』

최근에 복 있는 사람에서 출간되었으며, 조엘 비키 목사님이 20년 동안 기획하고 준비하여 쓴 책입니다. 그래서 그런지 분량이 761쪽이나 됩니다.

이 책은 우리 선조들이 설교를 어떻게 생각하고, 어떻게 해왔는지를 역사적 순서에 따라 다루었습니다. 개신교의 역사가 설교의 역사가 아닌가 하는 생각이 들 정도로 설교의 영광이 빛납니다. 그래서 읽으면 가슴이 자주 뜨거워집니다.

『참된 목회』

익투스에서 출간하였으며, 찰스 브리지스 목사님이 쓰신 책입니다. 560쪽 분량이며, 설교 자체보다는 설교자, 목회에 관한 내용이 주를 이루고 있습니다. 우리 영혼을 돌보는 목사님들을 우리가 어떻게 도울 수 있는지, 그분들과 우리가 어떻게 함께 자라갈 수 있는지를 배울 수 있습니다. 내용이 매우 풍성하고 구체적이기 때문에 기회가 되면 꼭 한 번은 읽어보시기를, 될 수 있으면 소장하시길 권합니다.

여기서 소개해드린 책 중 적어도 다섯 권 정도는 읽어보시길 권합니다. 또 두세 권 정도는 소장하여 필요할 때마다 읽어보시길 바랍니다.

설교자가 매주 설교를 준비하는 데 들이는 마음과 노력과 시간을 생각한다면, 우리가 10여만 원 정도의 돈과 한두 달 정도의 시간을 투자해서 이런 책들을 읽는 것은 최소한의 예의라고도 할 수 있을 것입니다. 설교와 관련된 책들을 읽는 것은 궁극적으로 하나님께서 세우신 교회를, 그리스도께서 머리 되시는 교회를 목사와 함께 거룩하고 건강하게 이루어나가는 데 큰 도움이 됩니다. 더군다나 이는 우리에게 많은 유익을 주며, 우리 영혼을 위해 필요한 일이기도 합니다.

좋은 설교집을 읽는 것도 도움이 많이 됩니다. 저는 마틴 로이드 존스 목사님의 강해설교집을 즐겁게 읽어왔습니다. 로버트 맥체인, 장 칼뱅, 김홍전, 제임스 몽고메리 보이스 목사님의 설교집들도 제 영혼을 살찌운 책들입니다.

물론 가장 좋은 것은 당연히 여러분이 신앙생활하고 계시는 교회에서 선포되는 경건한 목사님들의 설교입니다.

여기서 소개한 책은 제 지식과 경험 내에서 추천해 드리는 것입니다. 여러분을 목양하시는 목사님과 경건한 선배 성도님들께 물어보시는 것이 여기에서 제시해 드린 목록보다 언제나 좋다는 말씀을 드리며 추천도서 소개를 마칩니다.

참고도서

마틴 로이드 존스, 『설교와 설교자』 정근두 옮김. 서울: 복 있는 사
　　람, 2012

조엘 R. 비키, 『조엘 비키의 교회에서의 가정』 유정희 옮김. 서울: 개
　　혁된실천사, 2019

한재술, 『주야로 묵상하는도다』 수원: 그 책의 사람들, 2013

도르트 총회, 『도르트 신조 (휴대용)』 그 책의 사람들 옮김. 수원: 그
　　책의 사람들, 2018

웨스트민스터 총회, 『웨스트민스터 대교리문답 노트』 그 책의 사람
　　들 옮김. 수원: 그 책의 사람들, 2017

웨스트민스터 총회, 『웨스트민스터 소교리문답 (휴대 암송용)』 그 책
　　의 사람들 옮김. 수원: 그 책의 사람들, 2018

글을 닫으며

한 그리스도인이 있습니다. 그는 기도를 잘하고 싶어 합니다. 능력 있는 기도를 하고 싶어 합니다.

하지만 기도하지 않습니다.

그는 건강에 대한 염려 때문에 건강을 위해 기도합니다.

하지만 식단조절도, 운동도 하지 않습니다.

그는 믿음 좋은 사람이 되고 싶다고 말합니다.

하지만 설교를 듣지 않습니다. 들어도 건성으로 듣습니다. 들어도 설교가 삶에 뿌리내릴 수 있게끔 노력하지 않습니다. 오히려 누군가가 방법과 수단을 구체적으로 보여주고 제시하면 싫어합니다.

혹시 이 모습…. 너무 익숙하지는 않습니까?

왜 나는 말씀을 사모하는 마음이 이렇게 미지근할까? 왜 나는 하나님의 말씀을 이렇게 가까이하지 않을까? 왜 하나님을 사랑하는 나의 마음이 이리도 작고 형편없는 것일까? 우리 취미생활이나 TV보다도….

우리는 노력하지 않아도 휴대전화를 종일 사랑하고, 가까이하며 살아갑니다. 우리는 의식적인 노력 없이 우리가 사랑하는 것들을 사랑합니다. 사랑하기 위해 애써야 하나요? 사랑하는 일이 고되나요? 누군가가 "정말 그 사람을 사랑한다면 이렇게 합니다. 그 취미를 좋아한다면 이렇게 하는 것이 좋습니다. 이게 필요합니다."라고 말할 때, 우리 기분이 나쁠까요? "그렇지! 그런 것도 있었네. 이렇게도 해봐야겠다~" 하지 않을까요? 말씀에 대한 우리 마음도 마찬가지 아닐까요?

한 번 더 다음 글을 읽으며, 우리 정직하게 생각해봅시다.

나는 말씀을 주기적으로 읽지 않고, 설교를 준비하는 목사를 위해서 기도하지 않으며, 말씀을 읽거나 설교를 들을 때 간절함이 없고, 마음에 감동이 생기더라도 잠깐뿐이긴 하지만 나는 하나님을 사랑하는 구원받은 그리스도인입니다.

나는 말씀이 내 영혼을 소생시키고, 내 삶을 주관하도록 하는 데 큰 관심이 없고, 가끔 감동 받아 이런저런 것들을 다짐하기는 하지만 며칠 못 가며, 하나님의 말씀을 더 알기 위해 따로 시간을 낸다거나, 설교를 더 깊이 묵상한다거나, 신앙 서적을 사 보는 일이 없긴 하지만, 하나님의 말씀을 사랑하는 구원받은 그리스도인입니다.

우리는 왜 설교에 관심이 없는 것일까요? 왜 설교를 듣는데 그렇게 애써야만 마음이 겨우 준비되는 것일까요?

성경은 여러 곳에서 우리 자신의 믿음을 시험해 보라고, 판단해 보라고 경고합니다. 왜 말씀을 기대하지 않고 건성으로 생기 없이 들을까요? 말씀이 달지 않기 때문입니다. 왜 달지 않을까요? 우리 영혼이 죽어있거나 병들어 있기 때문입니다. 왜 설교가 드라마나 영화, 책보다 기다려지지 않는 걸까요? 재미있지 않은 걸까요?

우리 기도합시다. 함께 기도합시다. 서로를 위해 기도합시다. 하나님께 도움을 구합시다. 사실 우리 모습은 이렇다고, 사실 우리 신앙은 이런 것이라고… 이렇게 연약하고, 이렇게 죄를 사랑하는 게 진짜 우리 모습이라고.

나름대로 노력하고 있지만, 어려운 부분들이 있다고도 아뢰며 도움을 구합시다. 여러 환경과 상황이 여의치 않기도 해서 속상하다고 말씀드립시다.

그렇게 하나님의 도움을 구합시다.

무엇보다 우리 마음을 뜨겁게, 말씀에 대해 갈급하게 해 달라고 기도합시다. 그리고 더는 미루지 말고, 더는 다른 것들에 밀리지 말고, 지금 당장 말씀 앞에 나아갑시다. 주일 설교문을 꺼내서 읽읍시다. 또는 음성 파일을 틀고서 들읍시다. 나눕시다. 매일 꾸준히 성경을 읽고, 설교자를 위해 기도합시다. 설교를 듣는 온 회중을 위해서도 기도합시다.

구원받은 사람은 하나님의 율법을 즐거워합니다.

구원받은 사람은 은혜의 수단들을 기뻐하고 즐거워합니다. 가까이합니다.

구원받은 사람은 말씀을 사랑하고 가까이합니다. 어제보다 오늘 더 많이 사랑하지 못했음을, 어제보다 오늘 더 가까이하지 못했음을 속상해하며, 성령님께 도움을 구합니다.

경건한 신자는 설교를 사랑합니다. 기다립니다. 기대합니다. 사랑하는 배우자의 이야기를 기다리고, 즐겁게 듣듯이, 설교도 그렇게 기다리고 듣습니다.

광교장로교회에도 이런 분들이 많이 계십니다. 저는 그분들을 보며 놀랍니다. 그분들을 너무나 배우고 싶습니다.

"어떻게 그렇게 말씀을 사랑할 수 있을까?", "저분들을 그토록 사로잡은 것은 무엇일까?"

하나님을 찾는다는 것은 무엇일까요? 우리가 일주일에 단 한 번 설교를 듣는 것으로 끝낸다면, 우리가 하나님을 찾는다고, 그분을 구한다고, 그분의 영광을 갈망한다고, 하나님의 사랑을 원한다고 말할 수 있을까요?

우리가 얼마나 두드려야 할까요? 얼마나 부르짖어야 할까요? 얼마나 얼마나….

이 책에서 이야기하고자 하는 것은, "여기서 말하는 것들을 해야만 그리스도인이다. 안 하면 안 된다. 그렇지 않으면 신앙이 없는 것이다."가 아닙니다.

여러분도 저도 잘 아는 이야기를 나눌 뿐입니다. 여러분과 제가 바라보는 믿음에 관해 나누고자 했을 뿐입니다.

우리는 주위에 있는 경건한 목사님들과 거룩한 성도들을 봅니다. 그분들께 묻습니다.

"어떻게 그렇게 말씀을 주야로 묵상하시나요? 힘들지 않나요? 큰 감동이 매번 있는 게 아니라서, 혹시 건조하게 느낀다거나, 지치지는 않나요? 설교를 잘 듣기 위해서 어떻게 해야 하나요? 어떻게 해야 집중하며, 간절한 마음으로 들을 수 있나요?"

하나님께서는 당신의 백성에게 말씀해 오셨습니다. 지금도 말씀하십니다. 하나님 자신을 알리시는 일이 너무나 중요해서, 구원에 관한 하나님의 뜻을 알리는 일이 너무나 중요해서 그렇게 많은 선지자를 보내셨습니다. 하나님이신 그리스도께서 친히 오셨고, 말씀하셨고, 사도들에게 명령하셨습니다. 이 일이 너무나 중요해서 목사를 세우시고, 그들에게 설교하게 하셨습니다. 이 일이 너무나 중요해서, 이 일이 우리의 생명과 관련 있어서, 이 일이 거룩한 삶을 좌우하기에, 이 일이 하나님의 뜻과 영광을 선포하는 무거운 일이기에 설교자를 세우셨습니다.

그렇다면, 하나님을 사랑하는 여러분, 진심으로 마음 다해 사랑하기를 원하는 여러분, 그분을 알기 위해, 그분을 사랑하기 위해 설교를, 목숨 걸고 듣지 않으시겠습니까?

우리를 위해 자신의 전부를 주신 그리스도를 알기 위해, 그분을 사랑하고 찬양하고 그분을 위해 살기 위해, 그분이 하신 말씀을 마음 다해, 기회가 될 때마다, 다른 모든 것을 제쳐두고서라도 달려가 듣지 않으시겠습니까?

설교, 어떻게 들어야 할까?

펴 낸 날 2020년 9월 21일 초판 1쇄

지 은 이 한재술
펴 낸 이 한재술
펴 낸 곳 그 책의 사람들

디 자 인 참디자인(이정희)

판   권 ⓒ 한재술, **그책의 사람들** 2020, *Printed in Korea.*
저작권법에 따라 한국 내에서 보호를 받는 저작물이므로
무단 전재와 복제를 금합니다.

주   소 경기도 안성시 공도읍 공도로 150, 107동 1502호
팩   스 0505-299-1710
카   페 cafe.naver.com/thepeopleofthebook
메   일 tpotbook@naver.com
등   록 2011년 7월 18일 (제251-2011-44호)
인   쇄 불꽃피앤피

책   값 8,000원
I S B N 979-11-85248-33-2 03230

이 도서의 국립중앙도서관 출판예정도서목록(CIP)은
서지정보유통지원시스템 홈페이지(http://seoji.nl.go.kr)와
국가자료종합목록 구축시스템(http://kolis-net.nl.go.kr)에서 이용하실 수 있습니다.
(CIP제어번호 : CIP2020038601)

· 이 책은 출판 회원분들의 섬김으로 만들어졌습니다.